꿈이 없는 놈
꿈만 꾸는 놈
꿈을 이루는 놈

꿈이 없는 놈
꿈만 꾸는 놈
꿈을 이루는 놈

초판　1쇄 발행 ｜ 2014년 6월 25일
초판 11쇄 발행 ｜ 2019년 2월 26일

지은이 ｜ 정진일
펴낸이 ｜ 이희철
기획 ｜ 출판기획전문 (주)엔터스코리아
편집 ｜ 조일동
마케팅 ｜ 임종호
펴낸곳 ｜ 책이있는풍경
등록 ｜ 제313-2004-00243호(2004년 10월 19일)
주소 ｜ 서울시 마포구 월드컵로31길 62 1층
전화 ｜ 02-394-7830(대)
팩스 ｜ 02-394-7832
이메일 ｜ chekpoong@naver.com
홈페이지 ｜ www.chaekpung.com

ISBN 978-89-93616-38-5 03320

- 값은 뒤표지에 표기되어 있습니다.
- 잘못된 책은 바꾸어 드립니다.

이 도서의 국립중앙도서관 출판시도서목록(CIP)은 서지정보유통지원시스템 홈페이지
(http://seoji.nl.go.kr)와 국가자료공동목록시스템(http://www.nl.go.kr/kolisnet)에서
이용하실 수 있습니다.(CIP제어번호: CIP2014014333)

꿈이 없는 놈
꿈만 꾸는 놈
꿈을 이루는 놈

나는 10년마다 새로운 꿈을 꾼다

지은이 | 정진일
지식 에듀테이너&행동변화 전문가

책/이/있/는/풍/경

꿈꾸지 않으면
아무것도 이룰 수 없다

너도나도 꿈을 이야기한다. 하도 많은 사람이 꿈을 이야기해 이제는 식상하다고 말하는 이들도 적지 않다. 꿈에 관한 한 더이상 들을 이야기가 없다며 고개를 절레절레 흔들기도 한다. 그만큼 수많은 사람들이 각자의 색깔로 줄기차게 꿈을 노래했다. 아주 오래전부터 왜 꿈을 꾸어야 하는지, 꿈을 이루려면 어떻게 해야 하는지 저마다의 경험을 바탕으로 열심히 이야기해 웬만한 이야기는 이미 들은 느낌이 드는 것도 사실이다.

그럼에도 나 역시 꿈을 이야기하려 한다. 수많은 사람들이 이야기했던 꿈을 또다시 이야기하려는 이유는 꿈꾸지 않는 사람들이 너무도 많기 때문이다. 꿈이 중요하다는 것을 알면서도 감히 꿈을 꿀 엄두를 내지 못한다. 분명 꿈이 있는데도 머릿속으로만 꿈을 꾸고 그 꿈을 현실로 만들 시도조차 못 하는 사람들도 많다.

왜 꿈꾸고 이루기를 포기할까? 이유는 여러 가지겠지만 가장 큰 이유는 꿈을 이루는 방법을 모르기 때문이다. 꿈을 꾸어야 한다고 말하는 사람들은 많지만 정작 어떻게 꿈을 이룰 수 있는지를 구체적으로 알려주는 사람은 드물다.

꿈은 무조건 열심히 꾼다고 이루어지지 않는다. 열심히 꿈을 꾸었는데도 이루지 못하면 그 꿈은 깊은 상처로 남아 다시 꿈을 꿀 용기조차 갖지 못하게 만든다. 더이상 꿈꾸지 않는 사람들은 대부분 이런 과정을 겪었다.

꿈꾸지 않으면서도 행복할 수 있다면, 자기 인생에 만족할 수 있다면 문제될 것은 없다. 하지만 내가 본 사람들은 대부분 그렇지 않다. 꿈이 없는 자신을 못마땅해 하고, 꿈이 있으면서도 꿈을 이루기 위해 노력하지 않는 자신을 부끄러워한다. 동시에 열심히 꿈꾸고 이루는 사람들을 한없이 부러워한다. 그런 사람들을 보면서 지금껏 내가 꿈을 꾸고 이루었던 방법을 이야기해주어야겠다고 생각했다.

고등학교 때 서울로 올라와 춤을 배울 때 매일 똑같은 동작을 천 번 이상 반복했다. 왜 그 지겨운 동작을 천 번 이상 반복해야 하는지 이유도 모른 채 따라했다. 그 지루한 과정을 견디지 못해 끝까지 춤을 배우지 못하고 그만둔 사람들도 한둘이 아니다. 사실 한 동작을 백 번만 반복해도 충분히 익숙해진다. 하지만 같은 동작을 천 번 이상씩 반복해 기본기를 완전히 습득한 후에 백 번을 반복했을 때와 천 번을 반복했을 때의 차이를 깨달았다. 단순히 춤 동작에 익숙해지는 것은 백 번만 해도 충분하지만 천 번을 반복했을 때 춤을 추는 핵심 원리를 파악할 수 있었다. 동작에 익숙해지기만 하면 그 동작은 할 수 있지만 다른 동작으로 응용하지는 못한다. 반면에 천 번을 반복해 원리를 파악하면 얼마든지 응용이 가능하다.

군이 춤 이야기를 꺼낸 이유는 꿈을 이루는 방법도 원리는 같기 때문이다. 어떤 꿈을 꾸느냐에 따라 꿈을 이루는 세부적인 방법은 다를 수 있지만 전체 꿈을 관통하는 핵심 메커니즘은 분명 존재한다. 그 메커니즘만 이해하면 이루지 못할 꿈은 없다.

나는 10년마다 새로운 꿈을 꾸면서 지금까지 세 가지의 꿈을 이루었다. 그 과정에서 꿈을 이루는 메커니즘이 있다는 것을 확인했다. 메커니즘을 알고 나니 이후 80대까지 꿀 꿈도 지금껏 그래왔듯이 잘 이룰 수 있으리라는 자신이 붙는다.

꿈은 이루기 위해 꾸는 것이다. 꿈을 이룰 수 있다는 확신이 들면 누구라도 다시 꿈을 꿀 수 있다. 이루지 못할 것이 두려워 꿈꾸기를 포기하거나 머릿속으로만 꿈꾸는 사람들을 위해 지금까지 다양한 꿈을 꾸면서 파악한 꿈의 핵심 메커니즘을 이 책에 정리했다. 꿈을 가져야 한다는 당연한 이야기보다는 왜 내 꿈을 꾸어야 하고 어떻게 하면 꿈을 이룰 수 있는지를 집중적으로 소개했다.

그럼에도 지금껏 꿈꾸고 이루는 데 익숙하지 않은 사람들은 선뜻 공감하지 못할 수도 있다. 해보지 않은 것이라 쉽게 시도할 엄두가 나지 않을 수도 있지만 시도하지 않으면 아무것도 이룰 수 없다. 이 책에서 마음에 와 닿거나 비교적 쉽게 적용해볼 수 있을 만한 한두 가지라도 시도하다 보면 그만큼 꿈에 가깝게 다가설 수 있을 것이다.

아무런 시도도 하지 않아 아무것도 이루지 못한 사람들은 죽을 때 '걸걸걸' 하며 죽는다고 한다. 그때 엄마 아빠가 원하는 대학이 아닌 내가 원하는 곳에 갈걸, 꿈을 포기하지 말걸, 공부를 좀더 해볼걸 등등 이루지 못한 것들에 대한 아쉬움과 후회로 '걸걸걸' 하며 쓸쓸히 생을 마감한다. 반면에 다 이루고 죽는 사람은 '하하하' 하고 죽을 수 있다. 하고 싶었던 것, 꿈꾸었던 것을 다 이루었는데 후회가 있을 리 없다.

나는 '하하하' 하면서 죽고 싶다. 바로 내일 죽는다 해도 후회 없이 '하하하' 웃으며 죽을 수 있도록 하루하루 최선을 다하고 싶은 것을 하면서 산다. 이 책을 읽는 독자들도 꿈꾸고 이루는 것을 미루지 말고 실천해 마지막 순간에 '하하하' 웃을 수 있기를 바란다.

Contents

에필로그

PART 1

한 가지 꿈만
꾸기에는
인생은
너무나 길다

공무원이 된 비보이,
강사가 된 공무원

20대 초반까지만 해도 나는 평생 춤을 추면서 살고 싶었다. 춤은 나의 전부나 마찬가지였다. 춤을 추는 동안만큼은 세상의 모든 근심 걱정을 잊고 춤에 몰입할 수 있었고, 그 어떤 일을 할 때보다 온몸의 세포가 살아 있음을 느낄 수 있었고, 그래서 행복했다.

처음 춤에 관심을 갖게 된 이유는 춤을 잘 추고 좋아했기 때문이 아니라 내 존재, 내 가치를 확인하고 싶어서였다.

중학교 때까지만 해도 나는 집에서나 학교에서나 사랑받던 아이였다. 비록 전라북도 장수에서 자랐지만 자식을 위해서라면 아무것도 아끼지 않는 부모님 덕분에 부족함 없이 자랐고, 학교에서도 착실하게 생활하고 열심히 공부해 선생님들의 관심을 한몸에 받고 살았다.

평화롭고 행복했던 삶은 고등학교에 진학하면서 균열이 생기기 시작했다. 부모님은 내가 좀더 넓은 세상에서 공부하기를 원해 전주에 있는 고등학교로 보냈다. 익숙하고 편안한 고향을 떠나 낯선 곳에서 혼자 생활하는 것이 걱정스럽기도 했지만 한편으로는 기대감에 설레기도 했다.

하지만 고등학교 생활에 대한 기대는 입학하는 날부터 산산조각 나고 말았다.

시골 촌뜨기,
춤을 만나다

전주로 나올 때 부모님이 촌놈 티 나면 안 된다며 '프로나이스'라는 운동화를 사주셨다. 당시 운동화 중에서는 나이키가 선풍적인 인기를 끌고 있었는데, 나이키의 심벌은 예나 지금이나 뒤로 갈수록 날렵하게 빠지는 곡선 화살표 모양이다. 프로나이스는 나이키의 심벌 모양을 끝만 조금 변형한 일종의 짝퉁이었다. 도시에서는 별 볼 일 없는 짝퉁 운동화였는지 모르지만 시골에서는 프로페가수스, 월드컵과 더불어 프로나이스의 인기가 하늘을 찔렀다.

그 운동화가 입학 첫날부터 내 발목을 잡을 줄은 꿈에도 몰랐다.

입학식을 하기 위해 운동장에 줄을 서 있는데, 내 앞에 있던 아이가 우연히 내 운동화를 내려다보더니 웃음을 터트렸다.

"얘들아, 이것 좀 봐. 이런 나이키도 있었나? 거 참 요상하게 생겼다."

그 말 한마디에 아이들의 시선이 모두 내 발에 쏠렸고, 그때부터 내 별명은 '프로나이스'가 되었다.

프로나이스라는 별명으로 놀림을 당하는 것만으로도 힘들었는데, 더 큰 시련은 고등학교에서 치른 첫 시험과 함께 찾아왔다. 중학교 때까지만 해도 내 성적은 늘 중상위권이었다. 약 350여 명의 전교생 중 전교 35등 밖으로 밀려난 적이 없었다. 그런데 고등학교에서 받아본 첫 성적은 충격적이었다. 전교 성적이 아닌 반 성적이 35등이었다. 중학교 때보다 성적이 떨어질 것은 어느 정도 예상했지만 그 편차가 너무 커서 큰 충격을 받았다.

불행은 꼬리에 꼬리를 물고 이어졌다.

이미 프로나이스라는 별명과 성적 추락으로 그로기 상태가 되었는데, 설상가상으로 학교 폭력서클 선배들의 주목을 받았다. 키도 크고 얼굴도 새까만 탓에 눈에 잘 띄어 그랬는지 신입 회원으로 들어오라는 권유를 많이 받았다. 말이 권유지 실제로는 협박이나 다름없었다. 그들의 말을 듣지 않으면 보복당하고, 3년 내내 괴롭힘을 당할 수도 있었다. 그렇다고 폭력서클에 가입하기는 싫어 늘 두렵고 불안한 마음으로 학교에 가야만 했다.

학교가 지옥 같았다. 도저히 학교를 계속 다닐 엄두가 나지 않아 부모님께 솔직하게 털어놓았다. 너무 힘드니 전학을 보내달라는 하소연을 묵묵히 듣던 아버지는 "그래도 어쩌겠냐. 네가 이겨내야 하지 않겠느냐"
라며 단호하게 선을 그었다.

　피할 수 없다면 어떻게든 학교생활을 잘할 수 있는 방법을 찾아야만
했다. 3년 내내 시골뜨기라 놀림 당하고, 불량서클 선배 외에는 아무도
관심을 주지 않는 그림자 같은 존재로 살고 싶지는 않았다. 그 누구보다
도 잘할 수 있는 것이 있다는 것을 보여주고 싶었다.

　'내가 잘할 수 있는 게 뭘까?'

　꽤 오랫동안 심각하게 고민했던 것 같다. 공부를 열심히 해볼까도 생
각했지만 자신이 없었다. 눈에 불을 켜고 열심히 하면 반에서 20등까지
는 올라가는데, 거기까지가 한계였다. 음악, 미술, 체육 등으로도 눈을
돌렸지만 이미 잘한다고 소문난 아이들이 넘쳐났다. 고민할수록 더 막
막해졌다.

　그러던 중 문득 '춤'이 생각났다. 중학교 때 브레이크댄스를 처음 접했
는데, 무척 재미있었던 기억이 떠올랐다. 재능도 조금 있었는지 다른 아
이들보다 빨리 배우고 곧잘 춤을 추곤 했다. 소풍 때 마이클 잭슨의 문워
크 흉내를 내어 친구들과 선생님들로부터 박수갈채를 받았던 기억도 춤
에 대한 열정을 자극했다. 춤이라면 내 존재감을 아이들에게 확실하게
각인시킬 수 있을 것 같았다.

　그때부터 춤에 빠져들었다. 책도 사보고 시간 날 때마다 혼자 열심히
연습했다. 하지만 어설프게 하면 더 놀림을 당할 수도 있다는 생각이 들

어 1학기 끝나고 여름방학 때 서울로 올라가 학원에 등록해 춤을 배웠다. 방학 한 달 동안 하루에 4시간에서 7시간씩 춤을 추었다.

춤을 배우는 과정은 상당한 인내심을 요구했다. 다른 것도 그렇지만 춤은 기본기가 무척 중요하다. 기본기가 충실하지 않으면 응용이 불가능하기 때문에 지루할 정도로 기본기를 반복, 또 반복해 가르친다. 그런데다 군기는 어찌나 센지, 웬만한 사람들은 버텨내기 어려울 정도였다. 군기가 센 데는 이유가 있었다. 춤은 상당한 집중력을 요하고, 체력을 많이 소모하므로 규율이 엄격하지 않으면 다칠 위험도 크고, 요령을 피우기 때문이다.

힘든 일정을 소화하지 못해 중도에 포기하는 사람들이 속출했다. 나 또한 하루에도 몇 번씩 그만두고 싶은 마음이 들었지만 시골뜨기라고 무시했던 아이들에게 내 존재감을 각인시키겠다는 마음으로 견뎌냈다.

그렇게 서울에서 한 달 동안 기본기를 익히고 전주로 돌아온 후에도 시간만 나면 연습에 매달렸다. 프로에게 확실하게 기본기를 배운 터라 실력은 날로 일취월장했다. 당장이라도 춤을 공개하고 싶은 마음을 달래며 꼭꼭 숨어서 연습했다. 결정적인 순간에 그동안 갈고 닦은 춤 솜씨를 보여주어 극적인 효과를 얻기 위해서였다.

디데이는 가을소풍으로 잡았다. 전주의 경우 봄소풍은 학교별로 가지만 가을소풍은 대부분의 학교가 동물원으로 간다. 가을소풍은 우리 학교뿐만 아니라 다른 학교 학생들에게도 내 춤을 보여줄 절호의 기회였다. 소풍 가기 며칠 전, 반장을 화장실로 은밀히 불러 춤을 보여준 후 우리 반 대표로 장기자랑에 나가겠다고 말했다. 처음에는 "시골뜨기가 무슨 춤?"이냐며 비웃던 반장은 춤을 보여주자 깜짝 놀라며 흥분했다.

장기자랑 시간, 드디어 내 차례가 왔다. 서울에서 내려올 때 이날을 위해 미리 의상을 준비해두었다. 땀복에 선글라스, 손목과 팔목 보호대, 손가락 없는 장갑을 착용하고, 운동화 끈으로 팔을 멋지게 묶었다. 완벽하게 브레이크댄스 복장을 갖추고 비트 강한 음악에 맞춰 멋지게 춤을 추었다. 문워크만 비슷하게 흉내 내도 환호하던 시절이었다. 제대로 복장을 갖춰 입고, 제대로 브레이크댄스를 추자 모두 열광했다.

몇 달 동안 벼르던 깜짝공연은 대히트로 막을 내렸다.

그날 이후 학교생활은 이전과는 완전히 바뀌었다. 더 이상 나는 시골촌뜨기가 아니었다. 친구들은 물론 전교생의 관심 대상이 되어 있었다. 쉬는 시간마다 다른 반 아이들이 몰려와 "한 번만!"을 외치며 춤을 보여달라고 아우성쳤다. 다른 학교에서도 축제 때 내게 공연을 요청하거나 안무를 짜줄 것을 부탁하기도 했다. 2학년 때는 실장으로, 3학년 때는 전교 부회장으로 추대될 만큼 인기가 좋았다. 가기 싫었던 학교는 어느새 눈만 뜨면 달려가고 싶은 곳으로 바뀌었다.

춤을 통해 나를 새롭게 찾으면서 살맛이 났다.

대학생이 된 후
비로소 꿈을 고민하다

춤을 추면서 고등학교 생활은 내내 순탄하고 행복했다. 하지만 돌이켜보면 고등학교 때까지만 해도 이렇다 할 꿈이 없었다. 춤을 추면 즐겁고 행복했지만 춤을 평생 직업으로 삼고 살 생각은 없었다. 그렇다고 진로를 진지하게 고민하지도 않았다. 선생님은 전북대 공과대학에 들어가면 취업 걱정은 없다며 공대에 입학할 것을 권유했고, 나는 아무 생각 없이 선생님 뜻에 따라 전북대 자원공학과에 진학했다.

비록 선생님이 시키는 대로 대학과 전공을 선택했지만 처음에는 대학생활을 충실하게 할 생각이었다. 열심히 공부해서 좋은 직장에 취직해 장남 뒷바라지하느라 고생하신 부모님께 효도하고 싶었다. 그래서 좋아하던 춤도 접고 대학생활에 전념하고자 노력했다.

하지만 결심은 오래 가지 못했다. 전공 수업이 너무나 재미없었다. 전공 강의를 듣고 있다 보면 나도 모르는 사이에 졸음이 쏟아졌다. 그런 재미없는 수업을 4년 동안이나 들어야 한다고 생각하니 끔찍했다. 재수해서 좀더 재미있게 공부할 수 있는 과에 입학하고 싶은 마음도 있었지만, 내가 어떤 과에 흥미가 있는지조차 알 수가 없었다. 그러니 이도저도 못하고 고민만 깊어졌다. 수업에 들어가지 않고 잔디밭에서 고민하는 시간이 점점 많아졌다.

숨이 막힐 것처럼 답답하고 지루했던 대학생활을 변화시킬 수 있는 돌파구가 필요했다. 결국 다시 춤을 추기 시작했다. 고등학교 때 그랬던 것처럼 춤은 그 자체로 큰 위안이 되었다. 혼자만 춤을 추고 즐기는 데서 끝나지 않고 댄스 서클을 만들어 나처럼 춤을 추고 싶어하는 학생들을 모아 춤도 가르쳐주고 함께 공연도 하면서 춤은 더 깊숙이 내 삶 속으로 들어왔다.

평생 춤을 추면서 살고 싶다는 생각도 그때 처음 했다. 춤에 관심이 많은 선배들과 만든 댄스 서클이 '나래짓'이었는데, 유명세를 타면서 공연 의뢰가 많이 들어왔다. 팀원들과 한번 공연을 나가면 적게는 5만 원부터 많게는 20만 원까지 받았다. 당시 공대 등록금이 50만 원 정도였으니 대학생에게는 꽤 큰돈을 춤을 추면서 번 셈이다.

즐겁게 춤도 추고 돈도 버는 경험을 하면서 평생 춤을 추면서 사는 것이 가능할 것도 같았다. 그러면서도 한편으로는 취미로 평생 춤을 추는 것은 가능하겠지만 평생 춤을 직업으로 삼고 살기는 쉽지 않을 것 같았다. 특히 브레이크댄스처럼 관절을 많이 꺾고 몸을 격하게 움직여야 하는 춤을 50, 60세가 되어서도 완벽하게 추기는 아무래도 무리라는 생각이 들었다.

평생 춤을 추면서 살기 어렵다면 어떤 꿈을 꾸어야 할까? 가뜩이나 흥미 없는 전공을 살려 직업을 구하는 것은 상상조차 하기 싫었다. 아무리 직장이 탄탄하다 해도 평생을 재미없는 일을 하면서 살 자신이 없었다.

교수님이나 선배들에게 조언을 구해도 답답함은 풀리지 않았다. '좋아하는 일을 하면서 사는 건 원래 힘들다. 다 먹고 살기 위해 어쩔 수 없이 싫어도 참고 일한다'라는 답변이 대부분이었다.

고민할수록 더 깊은 수렁에 빠지는 느낌이었다. 춤을 추는 동안만은 잠시 고민을 잊고 행복할 수 있었기에 더 맹렬히 춤에 매달리기도 했다.

그렇게 괴로운 나날을 보내던 어느 날이었다.

그날도 여느 때처럼 학교에서 땀을 흘리며 춤 연습을 하다 쉬는 시간에 창밖을 내다보았다. 창밖으로 펼쳐진 캠퍼스에 머리 희끗한 노교수님이 눈에 들어왔다. 캠퍼스를 지나는 교수님을 눈으로 좇으면서 문득 의문이 생겼다.

곧 정년을 앞둔 그 교수님은 평생 교수로 일했고, 조만간 명예롭게 퇴임할 것이다. 교수님뿐만 아니라 성공한 사람들 중에는 평생 한 우물을 판 사람들이 많다. 그렇다면 나도 한 가지 일에 집중해야 성공할 수 있을까? 평생 춤을 출 수 없다면 지금부터라도 죽을 때까지 할 수 있는 일을 찾아야 할까?

쉽게 답하기 어려웠다. 평생 한 가지 일만 하면서도 행복할 수 있다면 아무 문제가 없겠지만 호기심도 많고 변화를 즐기는 나로서는 한 가지 일만 하면서 만족할 수는 없을 것 같았다. 그렇다고 이 일, 저 일 하고 싶은 일을 아무렇게나 하다 죽도 밥도 아닌 삶을 살기도 싫었다. 하고 싶은 일을 다양하게 하면서도 성공하고 싶었다.

지금은 '성공'에 대한 생각이 많이 바뀌었지만 그때는 어떤 일을 하더라도 남들보다 잘해 남들이 말하는, '성공'하고 싶은 마음이 컸다.

10년마다 직업을 바꾸는
꿈의 로드맵을 그리다

이왕이면 여러 가지 일을 바꿔가며 하고 싶다고 생각하면서부터 어떻게 하면 여러 가지 일을 하면서도 다 잘할 수 있는지, 성공할 수 있는지를 고민했다. 사실 평생 한 가지 꿈만 꿔도 이루기가 어렵다. 그런데 과연 여러 가지 꿈을 꾸고 이루는 것이 가능할까?

고민하던 중에 한 줄기 빛처럼 다가온 것이 '10년 법칙'이었다. 물론 그 당시에는 '10년 법칙'을 알지도 못했다. 매일매일 단조롭게 반복되는 지루한 학교생활에 지쳐가고 있을 때, 단지 평생 한 가지 직업을 갖고 사는 것이 정말 재미있고 의미 있게 사는 삶인가 하는 반문과 고민에서 찾게 된 결론이었다. 10년마다 직업을 바꾸면서 살아보면 어떨까?

지금은 '10년 법칙'을 모르는 사람이 없을 정도로 많이 알려져 있고 10년 법칙은 성공을 꿈꾸는 사람들에게 성공의 법칙을 알려주는 중요한 지침 역할을 하고 있다. 10년 법칙은 말 그대로 어떤 분야에서 세계적인 수준으로 자신을 자리매김하기를 원한다면 최소한 10년은 투자해야 한다는 이론이다. 물론 그 10년은 목숨을 걸고 최선을 다해 몰입해야 하는 10년이다. 별 다른 노력 없이 흘려보내는 10년으로는 아무것도 이룰 수 없다.

10년 법칙이 단순히 이론이 아닌 현실임을 증명하는 예는 수도 없이 많다. 하버드대 심리학 교수이자 다중지능이론으로 유명한 하워드 가드너는 모차르트, 피카소를 비롯한 7명의 예술가를 연구한 결과 모두 자기 분야에서 약 10년을 몰입한 이후 두각을 나타내고 예술적 창조성을 인정받을 수 있었음을 확인했다.

국민MC로 사랑받는 유재석 씨와 늘 노력하는 개그맨으로 인정받는 김병만 씨도 10년 법칙을 이뤄낸 주인공들이다. 유재석 씨는 1991년에 데뷔한 후 10년이라는 긴 세월을 무명의 설움을 견디며 살았다. 단순히 견디기만 한 것이 아니라 최고의 개그맨, MC가 되기 위해 노력을 게을리 하지 않은 덕분에 2001년부터 지금까지 롱런하는 국민MC로 자리매김을 했다. 김병만 씨도 유재석 씨 못지않게 긴 무명기간을 거쳤다. 아무도 주목하지 않아도 꾸준하고 성실하게 개그 소재를 계발하고 10년을 노력한 결과 지금은 모두가 인정하는 개그맨으로 성공했다.

10년 법칙은 내게 큰 용기를 주었다. 어떤 일을 시작해 성공할 수 있는 최소한의 기간이 10년이라면 10년마다 새로운 꿈을 꾸고 이루는 것이 가능할 것 같았다. 지금 20대이니 건강관리를 잘해 80대까지 살 수 있다면 10년마다 한 번씩, 일곱 번이나 새로운 꿈을 꿀 수 있었다. 생각이 여기에 미치자 가슴이 뛰었다. 일생을 한 가지 색깔로 사는 것도 멋지지만 무지개가 일곱 빛깔이 어우러져 환상적인 아름다움을 뽐내듯이 다양한 색깔로 살면 더 즐겁고 행복할 수 있을 것 같았다.

본격적으로 10년마다 어떤 꿈을 꿀 것인지 고민하기 시작했다. 20대 10년 동안 꿀 꿈은 이미 정해진 것이나 마찬가지였다. 평생 춤을 추기 어렵다면 20대만큼은 원 없이 춤에 미쳐 살고 싶었다. 취미로 즐기는 수준이 아니라 춤으로 다른 사람들의 마음을 움직이고 감동시킬 수 있는 전문 춤꾼, 비보이로 인정받을 수 있다는 자신도 있었다.

문제는 30대부터였다. 30대부터는 어떤 꿈을 꿀까? 어떤 꿈을 꾸더라도 그 꿈이 나 혼자만 행복한 꿈이 아니라 이왕이면 다른 사람들도 행복해질 수 있는 꿈이었으면 좋겠다는 생각이 들었다. 20대 때 춤에 미쳤던 이유는 춤 자체도 좋고, 춤을 추는 나를 바라보고 감탄해주는 사람들의 반응이 좋아서였기도 했지만 춤을 보면서 사람들이 감동하고 행복해 하는 모습이 나를 설레게 했기 때문이다. 나로 인해 우울했던 사람이 웃을 수 있고, 조금이라도 좋은 방향으로 변할 수 있다면 그것만으로도 충분히 꿈을 꿀 수 있을 것 같았다.

사람을 변화시키는 데 교육만큼 중요한 것은 없다. 이 생각은 그때나 지금이나 변함이 없다. 46세라는 나이에도 꿈꾸고 도전하고 변화하고 성장할 수 있는 것도 교육에 대한 중요성을 잘 알고 있기 때문이다.

흔히 '교육' 하면 학교에서 학생들을 가르치는 '교사'를 떠올리기 쉽지만 교육에 참여할 수 있는 방법은 여러 가지다. 교육대학교나 사범대학교에 진학해 교사가 될 수도 있지만 그렇게 하기에는 시간이 너무 많이 걸렸다. 그래서 30대 10년은 교사보다는 교육행정공무원이 되는 쪽을 택했다. 직접 사람을 가르치는 직업은 아니지만 교육행정공무원이 되면 교육 현장의 한 구성원으로 대한민국의 교육에 조금이나마 기여할 수 있으리라 기대했다.

40대 때의 꿈은 '전문 강사'인 지식 에듀테이너로 정했다. 강사를 꿈꾼 이유도 큰 맥락은 같다. 내 지식과 경험이 다른 누군가에게 도움이 된다는 것은 참으로 멋진 일이다. 댄스 서클도 만들고 회원들을 가르치면서 노하우를 나누고, 그로써 다른 사람이 변화, 발전하는 것을 보는 것이 얼마나 가슴 벅찬 일인지는 이미 확인했다.

10년마다 새로운 일에 도전한다는 꿈을 가슴에 품은 후 나름 진지하게 80대까지의 꿈의 로드맵을 그렸다. 40대 중반인 지금, 나는 20대 비보이, 30대 교육행정공무원을 거쳐 로드맵대로 전문 강사로 활동하고 있다. 지금까지는 20여 년 전에 그렸던 로드맵대로 성공적으로 살아온 셈이다.

하지만 지금보다 앞으로 꿀 꿈이 더 많다. 50대는 창업이나 경영을 도와주는 전문 컨설턴트로 살고 싶고, 60대에는 이벤트 기획자, 70대에는 바텐더, 80대에는 플로리스트로 새로운 삶을 살고 싶다. 지금까지 그래 왔듯이 앞으로의 꿈도 꼭 이룰 수 있으리라 믿는다.

정진일의 레인보우 드림 프로젝트-꿈 로드맵

20대	30대	40대	50대	60대	70대	80대
비보이	공무원	전문 강사 (지식 에듀테이너)	경영 컨설턴트 (성공 큐레이터)	이벤트 기획자	바텐더	플로리스트
신체의 열정	가슴의 열정	배움의 열정	성공의 열정	행복의 열정	관계의 열정	예술의 열정
자율성	도덕성	지성	전문성	창의성	관계성	감성

또 다른 꿈을 꾸고
삶을 바꿀 수 있다

강연을 하다 보면 많은 사람들이 내 이력에 관심을 보인다. 20대에는 비보이로 춤을 추다 30대에는 공무원으로 일하고, 40대에는 또 다시 직업을 바꿔 전문 강사로 일하는 내가 조금은 신기해 보이는 모양이다. 그러면서 또 묻는다.

"남들은 꿈 하나를 이루기도 벅찬데 어떻게 10년마다 직업을 바꾸는 게 가능해요?"

그 질문 속에는 당신이니까 가능한 것 아니냐, 평범한 사람들은 불가능하지 않겠느냐는 의미가 숨어 있다. 그렇지 않다. 나는 결코 특별한 사람이 아니다. 사람들이 흔히 말하는 스펙도 지극히 평범하다. 학벌도, 머리도 그리 내세울 것이 없다. 그런 내가 10년마다 꿈을 꾸고 이루고 있으니 다른 사람들도 얼마든지 할 수 있다. 누구든 가능하다고 대답해도 그들은 쉽게 믿지 않는다. 하지만 나는 평범했던 사람들이 새로운 꿈을 꾸고 삶을 변화시키는 모습을 종종 확인하곤 한다. 그들을 보면 꿈은 선택이라는 생각이 든다. 꿈꾸기를 포기하지 않고 꿈을 찾고 이루는 쪽을 선택하면 누구든 꿈을 이룰 수 있다. 내 아내도 그랬고, 강연을 통해 만난 멘티들이 그 증거다.

세 아이의 엄마이자 아내,
교사가 되다

새로운 꿈을 꾸고 삶을 변화시킨 사람들 중 아내 이야기를 빼놓을 수 없다.

군에서 제대하고 복학한 지 얼마 지나지 않아 춤을 추다 쓰러진 적이 있다. 복학해보니 댄스 서클이 많이 위축되어 있었다. 안무를 담당했던 내가 군대에 가자 아무래도 영향이 있었던 것 같다. 다시 서클을 활성화시키려고 서클에 매달려 밥도 제때 먹지 못하고 미친 듯이 춤을 추다 보니 병이 나고 말았다.

병원에 가보니 위궤양, 십이지장궤양이 심각하다며 조직검사를 권유했다. 암일지도 모른다는 것이었다. 암이라면 수술해야 할지도 몰라 어쩔 수 없이 휴학계를 내고 병원에 입원했다. 다행히 암은 아니었고, 병원에 3주 동안 입원해 있는 동안 위도 좋아져 퇴원할 수 있었지만, 부모님은 이왕 휴학한 김에 시골집에 내려와 요양하라고 했다.

부모님의 뜻에 따라 시골집에서 요양하던 중 아내를 만났다.

부모님은 시골에서 슈퍼마켓을 하셨다. 낮에는 가게도 보고 책도 읽으면서 시간을 보냈는데, 어느 날 아버지가 흥미로운 소식을 전했다.

"우체국에 친절하고 예쁘장한 아가씨가 새로 왔는데, 아주 참하게 생겼더라."

호기심에 우체국에 가보니 정말 시골에서는 볼 수 없는 귀엽고 예쁜 여직원이 있었다. 그때부터 슈퍼마켓 판매 대금을 입금한다는 핑계로 우체국을 들락날락했다. 그러면서 사랑이 싹텄다. 그런 감정은 처음이었다. 아내를 처음 보자마자 사귀고 싶다가 아니라 결혼하고 싶다는 마음이 들었다. 아내도 내가 싫지 않았는지, 데이트 신청을 선선히 받아들였다.

우리 둘은 급속도로 가까워졌고 결혼을 약속했지만 여러 가지 집안 상황을 이유로 양쪽 집안에서 모두 반대했다. 부모들이 반대한다고 마음을 접기에는 이미 서로에게 깊숙이 빠져 있었고 잠시라도 늘 함께 있고 싶은 마음에 결혼식을 올리지 못하고 동거부터 시작했다. 아이 둘을 낳고서야 결혼식을 올릴 수 있었다.

그러나 어렵게 시작한 결혼생활은 녹록하지 않았다.

20대 때는 내가 춤에 미쳐 있었기 때문에 결혼 초기에는 아내가 고생을 많이 했다. 우체국 공무원으로 일하면서 아이들을 키우느라 아내는 조금씩 지쳐 갔다. 내가 대학을 졸업한 후 춤을 추면서 잠깐 컴퓨터 업체에 취업했어도 사정은 크게 나아지지 않았다. 생활이 어려운 것도 어려운 것이지만 아내는 일하느라 한창 엄마의 손길이 필요한 아이를 제대로 신경써주지 못해 힘들어 했다. 그래도 다른 방법이 없어 일과 가정을 병행하다가 내가 공무원시험을 준비하면서 아내는 직장을 그만두었다.

아내가 직장을 그만둘 때까지만 해도 공무원 월급이 그렇게까지 적을 줄은 몰랐다. 지금도 기억이 생생하다. 9급 공무원으로 시작해서 받은 첫 월급이 58만원. 다섯 식구가 생활하기에는 턱없이 부족한 돈이었다. 월급을 타자마자 통장이 비어 통장을 열어볼 것도 없었다. 아마도 분명한 목표, 이루고 싶은 꿈이 없었다면 그 상황을 버티지 못했을지도 모른다.

아내는 묵묵히 그 힘든 생활을 견뎌냈지만 늘 미안했다. 나는 내 꿈을 향해 한 걸음 한 걸음 가고 있는데, 아내는 오히려 시간이 지날수록 세 아이의 엄마로 사느라, 공무원 남편을 뒷바라지하느라 자신의 꿈을 잃어가고 있었다. 하루라도 빨리 아내도 자신의 꿈을 찾고 이룰 수 있도록 도와주고 싶었다.

몇 년이 지나 아이들이 컸을 즈음, 아내에게 물었다.

"당신은 꿈이 뭐야?"

"꿈? 나야 아이들 건강하게 잘 키우는 게 꿈이지."

"그런 거 말고, 자신을 위한 꿈이 뭐냐고. 하고 싶었던 거, 하면 신나게 잘할 수 있을 것 같은 거 없어?"

느닷없이 꿈 이야기를 하니 아내는 조금 당황한 듯했다. 처음에는 살기도 팍팍한데 꿈 타령이 웬 말이냐는 표정이었다. 그래도 계속 한번 생각해보라고 했더니 어렵게 말문을 열었다.

"사실 어렸을 때부터 선생님이 되고 싶었어. 아이들을 좋아하니까 선생님이 되면 정말 아이들을 사랑하면서 잘 가르칠 수 있을 것 같아. 세 아이 엄마가 되니까 더 그래. 내 아이처럼 대하면 좋은 선생님이 될 수 있지 않을까?"

"그래? 그럼 선생님 되면 되겠네."

"무슨 말도 안 되는 소리야. 내가 지금 어떻게 돼. 살림하랴 애 키우느라 바쁜데 공부할 시간이 어디 있어. 그리고 지금은 머리가 굳어 공부해도 임용고시에 붙을 자신도 없어."

"아니야. 나보다 머리 좋잖아. 나도 공무원시험 공부해서 합격했는데 당신이 못할 이유가 없잖아."

자신 없어 하는 아내를 격려했다. 내 말을 반신반의하던 아내도 마음 깊숙한 곳에 숨어 있던 자신의 꿈이 수면 위로 올라오면서 용기를 냈다. 꿈이 선명해질수록 아내도 꿈을 이루고 싶다는 마음이 강렬해지는 듯했다.

다행히 중국문학을 전공했던 아내는 대학 시절 교사의 꿈이 있어서 교직을 이수해서 중등교사 자격을 갖고 있었다.

아내는 중고등학교보다는 초등학생들을 가르치고 싶어했기 때문에 교대를 나와야 했는데, 다행히 그때는 교대 편입이 가능했다. 이후 2008

년부터는 한국교원대학교를 제외하고는 편입이 불가능해졌는데, 그때도 그랬다면 교대에 입학해 4년 과정을 마쳐야 했을 것이다.

아내는 곧바로 2001년부터 편입 준비에 돌입했고, 2002년에 당당하게 전주교육대학교에 합격했다. 불가능하리라 생각했던 교대 편입에 성공하자 아내는 자신감이 붙었다. 열심히 노력하면 상상 속에서나 가능해보였던 선생님이 될 수 있으리라는 믿음을 갖기 시작했다.

교대에 3학년으로 편입해 졸업할 때까지의 2년은 그야말로 전쟁이었다. 세 아이의 엄마가 아이를 키우면서 학교를 다닌다는 것이 결코 쉬운 일은 아니었지만 아내는 해냈고 졸업과 동시에 임용고시까지 합격했다. 누구든 꿈을 꾸고 이룰 수 있다는 것을 아내가 증명해 보인 것이다.

고객만족 강사,
은행 기획자로 변신하다

나의 멘티 1호를 자칭하는 사람이 있다. 공무원 때부터 인연을 맺었는데, 나로 인해 새로운 꿈을 꾸고 인생관이 달라졌다며 스스로 멘티 1호 자리를 고집한다.

공무원으로 재직하던 2008년에 동영상과 플래시 등 다양한 미디어 툴과 소스를 이용해서 직접 제작한 '디지털 스토리텔링 콘텐츠' 소스를 강사들을 대상으로 공개한 적이 있다. 지금은 강의나 강연에 디지털 미디어를 활용한 디지털 스토리텔링이 보편화되었지만 그때만 해도 IT와 미디어 툴을 활용할 수 있는 극소수의 사람만이 만들 수 있었던 콘텐츠여서 강사들에게 그 인기는 가히 폭발적이었다.

자칭 멘티 1호도 그때 그 자료를 받았던 사람들 중 한 명이다.

처음에는 얼굴도 몰랐다. 이메일로 도움을 요청하면 성심성의껏 답변해주고 도움을 주었던 것뿐인데, 그는 무척 고마워하면서 가끔씩 연락해왔다.

그러던 어느 날 그가 다급하게 전화를 걸었다.

"K은행에서 과장급 고객만족 전문가를 뽑는데, 거기에 들어가고 싶어요."

원래 그는 인기 만점의 고객만족 강사였다. 나이는 20대 후반이었지만 키도 크고 얼굴도 예쁠 뿐만 아니라 강연을 잘해 요청하는 곳이 많았다. 대기업은 물론 검찰청, 체신청 같은 큰 조직에서 대형 프로젝트를 많이 진행했다. 혼자서는 큰 프로젝트를 감당하기 어려워 회사를 차려 운영하면서 경제적으로도 성공한 강사였다.

굳이 K은행을 갈 이유가 없어 보이는데 가겠다고 하니 의아해 이유를 물었다.

"그동안 너무 아등바등하며 일만 해 많이 지쳤어요. 요청이 들어오는 대로 다 마다하지 않고 했더니 돈은 많이 벌었지만 몸이 엉망진창 되었어요."

그가 몸을 혹사한 데는 이유가 있었다. 중학교 때까지는 집이 꽤 잘 살았다고 한다. 아버지가 대전에서 규모가 큰 치킨 프랜차이즈를 운영했는데, 사업이 잘 되어 남부럽지 않은 유년기를 보냈다. 그러다가 중학교 때 사업이 어려워지면서 본의 아니게 그가 가장 역할을 해야만 했다. 부모와 동생을 부양해야 하니 악착같이 할 수밖에 없었다.

"재충전할 시간도 없이 하다 보니 자꾸 텅 비는 느낌이 들어요. 큰 조직에 들어가서 더 많은 것을 배우고 싶어요. 그래야 나중에 다시 하더라도 더 잘할 수 있을 것 같아요."

생활에 쫓기면서 앞만 보고 정신없이 달리다 나를 만나 꿈 이야기를 하면서 새로운 꿈을 꾸게 되었으니 도와달라고 했다.

당시 K은행은 국책 은행에서 민간 은행으로 전환하려던 때였다. 그러다 보니 고객만족을 좀더 체계적으로 해야 한다고 판단해 고객만족 부서를 책임질 전문가를 뽑으려고 했고, 그가 그 자리에 가고 싶어했던 것이다. 고객만족 강연을 많이 했으니 그 자리에 갈 수 있다고 생각한 것 같은데, 사실 그 자리는 강연을 잘하는 사람을 뽑는 것이 아니라 고객만족과 관련한 기획을 잘하는 사람을 뽑는 자리였다.

그는 나서서 하는 것은 잘했지만 기획 경험은 전혀 없었다. 내 판단으로는 그가 갈 수 있는 자리가 아닌데도 그는 뜻을 굽히지 않았다. 모처럼 삶을 바꿀 용기를 냈는데, 그대로 포기할 수 없다며 도와달라고 간청했다.

그 간절한 눈빛을 차마 외면할 수 없었다. 총 세 번에 걸쳐 시험을 보는데, 1차 시험은 팀장이 되면 고객만족을 어떻게 할지를 기획한 내용을 프레젠테이션하는 것이었다. 그는 자신이 만든 PT 자료를 보여주며 조언을 구했다.

프레젠테이션 강연을 전문적으로 하는 내 눈에는 미흡하기 짝이 없는 PT였다. 가장 큰 문제는 PT의 내용이 부실하다는 것이었다. K은행 고객만족 부서에서 원하는 인재는 기획을 잘할 수 있는 사람인데 그는 자신의 경력만을 부각시켜 놓은 상태였다. 그 상태로는 100퍼센트 떨어질 것이 분명했다.

PT 내용을 좀더 전략적으로 수정하고 PT 자체도 좀더 사람들의 눈길을 쓸 수 있도록 업그레이드했다. 그렇게까지 도와주면서도 솔직히 1차 시험에 합격할 수 있으리라는 생각은 하지 못했다.

내 예상을 뒤엎고 그는 당당히 1차 시험에 합격했다. 설마가 현실로 나타나자 나도 욕심이 생겼다. 2차는 면접이었다. 예상 질문을 뽑고 답변을 하면서 면접을 준비했다. 2차도 합격이었다. 3차까지 올라가니 마치 내가 시험을 치르는 듯 떨렸다.

3차 시험을 치르고 결과를 기다리는데, 그가 전화를 했다. 전화기 너머로 그의 흥분이 그대로 느껴졌다. 그는 잔뜩 흥분한 목소리로 합격 소식을 전했다. 발표나자마자 나한테 제일 먼저 전화하는 거라며 연신 고맙다고 했다.

나도 고마웠다. 나의 작은 도움이 한 사람의 삶 자체를 변화시킬 수 있다는 것을 확인하면서 가슴이 벅찼다. 강사는 크게 감동을 주고 끝내는 강사와 행동까지 변화시키는 강사 두 부류가 있다. 나는 감동과 동기부여를 주는 것으로 끝나지 않고 행동의 변화까지 도와줄 수 있는 강사가 되고 싶었는데 그를 통해 가능성을 확인했다. 행동의 변화는 물론 삶의 변화까지 끌어낼 수 있다는 믿음이 생겼다.

그는 K은행에 입사한 후 초반에는 고전했다. 고객만족 과장은 기획을 많이 해야 하는데 경험이 없어 잘하기가 어려웠기 때문이다. 신입이라면 배워가며 할 수도 있지만 팀장은 그럴 수가 없다. 사내에서는 고충을 털어놓을 수도 없었다. 사내에서는 그가 기획 능력이 출중하다고 보고 뽑은 상태라 기대가 높았다.

압박감이 심했을 텐데도 그는 잘 견디며 부족한 능력을 채우기 위해 노력했다. 다행히 내가 기획 일을 많이 해본 터라 그를 많이 도와줄 수 있었다. 목표가 분명하면 지식이나 기술을 습득하는 속도가 빠른 법이다. 그는 빠르게 기획 업무를 배워나갔고, 어느 순간 진정한 고객만족 과장으로 자기 역할을 다할 수 있었다.

K은행 고객만족 과장은 정직원이 아니었다. 1년 계약직으로 들어간 자리였는데, 능력을 인정받아 1년을 더 일하고 퇴사했다. 지금은 T그룹 기획실에 입사해 그룹의 고객만족 프로젝트를 기획하며 열심히 일하고 있다. 원래는 K은행에서 조직 경험을 한 후 다시 강사를 할 예정이었는

데, 좀더 조직생활을 경험해보고 싶다며 취직했다.

이제는 그가 어디서 무엇을 하든 불안하지 않다. 스스로 자기 꿈을 찾고 이루는 방법을 몸소 터득했기 때문에 어디서 무슨 꿈을 꾸든 잘 이루어낼 수 있으리라 믿는다.

예비 박사,
강사의 꿈을 새로 꾸다

강연하다 보면 조금은 특이한 내 이력이 사람들에게 동기부여가 됨을 종종 느낀다. 조건만으로는 특별할 것도 없이 지극히 평범한 내가 10년마다 직업을 바꾸며 줄기차게 꿈을 보는 모습이 자극이 되는 것 같다. 그래서인지 강연이 끝나면 내가 나오기를 기다렸다가 더 많은 이야기를 듣고 싶다는 사람들이 많다.

그날은 무척 추운 겨울이었다. 코끝이 찡할 정도로 바람이 매서웠던 날로 기억한다. 강연을 마치고 나오는데, 30대 초반으로 보이는 한 여성이 나를 기다리고 있었다. 사람들과 대화를 나누느라 바로 나오지 못했다. 족히 20여 분은 걸린 것 같은데, 그 추운 날 밖에서 떨면서 나를 기다린 것이다.

무언가 할 말이 많은 얼굴이었다. 간절함이 표정에서 묻어나왔다.

그녀는 조금 머뭇거리다 속내를 털어놓았다.

"공부하는 게 좋아서 대학원 석사를 마치고 박사과정을 밟고 있어요. 공부가 내 길이라고 생각했는데 요즘 공부보다 더 하고 싶은 일이 생겨 고민이에요."

흔히 있는 일이다. 평생 한 가지 꿈만 꾸면서 만족하는 사람들도 많지만 나처럼 하고 싶은 일이 너무 많아 가능한 다 해보고 싶어하는 사람들도 많다. 분명 현재의 꿈도 나쁘지 않고 계속 하고 싶은 마음이 드는데도 다른 한편으로는 더 하고 싶은 일이 생기는 경우도 허다하다.

그녀도 공부가 싫어진 것은 아니었다. 박사과정은 마치고 싶다고 했다. 하지만 최근 자기도 몰랐던 자신의 재능을 발견하고 고민에 빠졌다며 조언을 구했다. 박사과정을 밟으면서 가끔씩 외부에서 강연할 기회가 있었는데, 해보니 그 일이 너무 재미있다고 한다. 연구실에서 전공 교수를 도와 연구를 할 때는 느낄 수 없었던 희열을 느끼면서 강사가 되고 싶다는 마음이 들기 시작했다.

기회가 있을 때마다 강연을 하고 싶어했는데, 그런 그녀를 교수가 못마땅해 한다고 했다. 교수 입장에서는 그녀가 차분하게 연구만 하면서 박사 논문을 쓰기를 원하는데, 자꾸 밖으로 나가려 하니 교수와의 사이도 점점 불편해질 수밖에 없었다.

"전 강연이 아주 좋아요. 교수님이 제가 하는 걸 이해주었으면 좋겠는데 못마땅해 하시니 어떻게 해야 좋을지 모르겠어요."

그녀는 교수의 반대를 두려워하고 있었다. 강사가 되고 싶으면서도 전공 교수와의 관계를 잘 풀고 싶어했다. 이미 곱지 않은 시선으로 자신을 바라보는데, 강사가 되고 싶다고 하면 더 눈 밖에 날 것 같다며 솔직하게 이야기하기를 꺼려했다.

그런 그녀에게 진심을 다해 조언했다.

"우선 교수님 눈치 보지 말고 당신의 가슴이 언제 가장 많이 뛰는지부터 알아보는 것이 좋겠습니다. 만약 강연을 할 때 가장 많이 뛴다면 용기를 냈으면 좋겠습니다. 박사과정을 포기하겠다는 것도 아니니 교수님도 이해해주실 겁니다. 혹시 혼자 말씀드리기 어려우면 제가 같이 말씀드릴 수도 있습니다."

꽤 오랜 시간 그녀와 꿈을 이야기했던 것 같다. 고민하는 그녀가 안타까웠지만 결정은 그녀의 몫이었다. 언제 제일 가슴이 뛰는지를 알 수 있는 것도 그녀 자신이고, 어떤 꿈을 선택할 것인지도 그녀만 결정할 수 있는 일이었다.

헤어진 후 그녀가 어떤 결정을 했는지 궁금했지만 조용히 기다렸다.

어느 날 다시 만난 그녀는 무척 밝아져 있었다.

"교수님께 말씀드렸어요. 교수님도 처음에는 탐탁지 않아 했지만 제가 얼마나 간절하게 강사가 되기를 원하는지를 알고 인정해주셨어요. 고맙습니다."

그 용기 덕분이었을까, 지금 그녀는 새로운 꿈을 설정하고 꿈을 이루기 위해 도전하고 변화하고 있는 중이다. 이제 전문 강사로서도 성공적인 삶을 살고 있다. 2013년 12월, 지식기업가로 새 출발하면서 만든 회사 이름도 내가 지어줄 정도로 이제 그녀와 나는 멘토와 멘티의 관계 속에서 행복한 동행이 되었다. 조만간 나보다 더 멋진 전문 강사로, 지식기업가로 나와 어깨를 나란히 할 그녀를 기대한다.

꿈이 많으면
나이 먹는 것이 즐겁다

"정 대표, 나는 아픈 데가 없어 걱정이야."

정년을 앞둔 50대 후반 사장님이 뜬금없이 던진 말이다. 건강을 잃으면 다 잃는다는 말이 있다. 그런데 아픈 데 없이 건강해서 걱정이라니 의아해서 물었더니 뜻밖의 대답이 돌아왔다.

"이제 곧 퇴직할 텐데, 이 나이에 불러주는 곳도 없을 거고, 그렇다고 직접 사업을 할 용기도 없어. 지금 건강 상태라면 90세, 100세까지도 살 수 있을 것 같은데, 앞으로 30, 40년을 특별히 하는 일 없이 살 생각을 하니 암담해."

그만이 아니라 정년을 앞둔 사람들은 대부분 비슷한 고민을 한다. 평균수명은 대폭 늘어나고 의료기술이 발달해 쉽게 죽지도 않는데 정년은 빨라졌으니 그런 고민을 하는 것도 당연하다. 그들의 심정을 충분히 공감하면서도 한편으로는 왜 나이가 많으면 아무것도 할 수 없다고 생각하는지 안타깝다.

꿈은 나이를
가리지 않는다

　정년을 앞둔 사람들 중 나를 부러워하는 이들이 많다. 나 또한 40대 중반으로 아주 젊은 나이는 아니다. 그럼에도 50대, 60대, 70대, 80대까지 건강이 허락하는 한 10년마다 직업을 바꾸며 살겠다는 꿈을 꾸니 부러워하는 것 같다. 그러면서도 정작 그들 자신이 꿈을 꿀 생각은 하지 않는다. 마치 꿈은 젊은 사람들이나 꿀 수 있는 전유물처럼 생각하며 지레 포기한다. 나는 그들과는 다른 특별하고 엉뚱한 사람이라서 꿈 타령을 한다고 생각하는 눈치다.

　꿈은 나이를 가리지 않는다. 굳이 따지자면 젊은 사람들보다는 나이든 사람일수록 더 열심히 꿔야 한다. 사실 젊었을 때는 특별한 꿈 없이도 바쁘게, 재미있게 살 수 있다. 워낙 이벤트가 많다. 불꽃 같은 사랑도 하고, 결혼해서 아이도 낳고, 열심히 아이를 키우다 보면 시간이 빠르게 흘러간다. 바쁘게 사는 동안 간간히 일상에서 작은 행복도 느낄 수 있다. 하지만 퇴직 후의 삶은 다르다.

꿈꾸지 않는, 나이 든 분들에게 내가 자주 하는 말이 있다.

"30, 40년 동안 매일 산행만 하면서 살 수 있어요?"

"30, 40년 동안 매일 고스톱만 치면서 살 수 있나요?"

노후준비를 제대로 하지 못해 퇴직 후 먹고 사는 것조차 막막하다면 더 말할 것도 없다. 다행히 최소한 먹고 사는 걱정은 없어 적당히 소일거리만 하면서 살 수 있다고 해도 사정은 크게 다르지 않다. 몇 년은 산행을 하거나 골프를 치면서 그럭저럭 시간을 보낼 수 있겠지만 30, 40년을 똑같은 소일거리를 하면서 행복할 수는 없다. 가슴이 뛰어서가 아니라, 정말 하고 싶은 일이어서가 아니라, 단지 시간을 때우기 위해 하는 일이 즐거울 리 만무하다.

사람은 누구나 늙는다. 아무도 피해갈 수 없다. 하지만 신체적인 노화는 어쩔 수 없다 해도 마음만큼은 얼마든지 젊게 살 수 있다. 꿈을 꾸는 것이 그 비결이다.

나이가 들었을 때의 모습은 사람마다 다르다. 어떤 사람은 백발이 성성한데도 청년 같은 기개가 넘치고 활기차게 삶을 산다. 반면 어떤 사람은 특별히 아픈 데도 없어 보이고, 그렇게 나이가 많은 것도 아닌데 세상 다 살았다는 듯이 무기력하게 하루하루를 보낸다. 그 차이를 만드는 것이 바로 꿈이다. 나이가 들었어도 여전히 활력 있게, 젊게 사는 분들은 대부분 젊었을 때처럼 열심히 꿈을 꾸며 산다.

나이가 꿈꾸는 데 아무 장애가 되지 않는다는 것을 몸소 보여주는 사람들은 많다. 그중 언제 봐도 감탄하는 한 분이 이시형 박사다. 사진이나 텔레비전에서 보이는 그는 80세라고는 보이지 않을 정도로 정정하다. 아무리 많이 봐도 60대로밖에 보이지 않는다. 실제 모습도 사진이나 텔레비전에서 보는 모습과 별반 다르지 않다고 한다.

외모도 놀랍지만 더 놀라운 것은 80세가 넘었는데도 여전히 현직에서 왕성하게 활동하고 있다는 것이다. 지금도 여전히 새벽 4시 30분에 일어나 공부하고 하루 15시간씩 근무한다. 그는 약물치료에 의존하지 않고 생활습관을 바로잡아 병의 원인을 근본적으로 없애는 자연의학을 집중적으로 연구하고 있다. 당뇨병, 고혈압 등 잘못된 생활습관이 주원인인 성인병부터 치매, 우울증과 같은 두뇌건강에 이르기까지 연구 범위도 광범위하다. 자연의학을 연구하고 환자들을 치료하는 것만으로도 보통 일이 아닌데 1년에 2, 3권씩 꾸준히 책을 집필하고 있다.

고령에도 젊은 사람 못지않은 열정으로 바쁘게 살 수 있는 이유는 꿈이 있기 때문이다. 그는 약을 사용하지 않고 사람들이 병을 미리 예방할 수 있는 방법을 연구해 전 인류를 질병으로부터 구하고 싶다는 꿈을 꾸고 있다. 일부 의사들은 불가능한 꿈이라도 말하지만 그는 질병 예방법을 찾는 것을 소명으로 생각한다. 그래서 살아생전에는 이룰 수 없다 해도 꿈꾸기를 멈추지 않는다.

안철수 의원도 나이와 상관없이 끊임없이 꿈을 꾼다. 이미 많은 사람들이 알고 있듯이 그는 의사, 안철수바이러스연구소 CEO, 카이스트 석

좌교수를 거쳐 현재 국회의원으로 활동 중이다. 미래가 보장되었던 의사라는 직업을 포기하고 안철수바이러스연구소를 설립한 것은 사람들이 바이러스 걱정 없이 안전하게 컴퓨터를 쓸 수 있도록 돕고 싶어서였다. 그가 꿈꾸었던 대로 안철수바이러스연구소가 대한민국을 대표하는 보안업체로 성장했을 때 그는 또 다른 꿈을 꾸기 위해 스스로 CEO 자리에서 물러난다. 이후 평소 하고 싶었던 공부를 하기 위해 미국으로 유학을 떠났다. 그때 그의 나이는 이미 40대 중반이었다. 귀국 후 카이스트 교수, 서울대 융합과학기술대학원장으로 활동하다가 정치에 발을 들여놓았다.

원래 정치인은 그가 꿈꾸는 모습이 아니었다. 그럼에도 고심 끝에 정치활동을 결심한 이유는 시대적 요청을 외면하기 어려워서였다. 이제 그는 많은 사람이 좀더 행복할 수 있는 사회를 만드는 큰 꿈을 꾸고 있다. 그 꿈을 이루기는 쉽지 않아 보인다. 하지만 언제나 그랬듯이 그 꿈을 이루기 위해 최선을 다할 것은 분명하다. 그리고 그 꿈을 이루고 난후에는 또 다른 꿈을 꾸며 그의 트레이드마크인 소년 같은 미소를 지을 것이라고 믿는다.

이시형 박사나 안철수 의원처럼 유명인이 아니더라도 찾아보면 우리 주변에도 나이와 상관없이 끊임없이 꿈을 꾸는 사람들이 많다. 그들을 보면 더이상 나이 탓을 하기 어렵다.

의학의 발달로 요즘 50, 60대는 예전의 30, 40대와 신체적인 건강이 맞먹는다. 70, 80대도 예전처럼 뒷방에 물러나 있어야 하는 노인이 아니다. 그만큼 나이에 비해 몸이 젊고 건강해졌는데, 마음은 예전보다 더 늙은 것 같다. 40대만 되어도 너무 늦었다며 꿈조차 꾸려 들지 않는 사람들이 허다하다. 나이가 들어 늙는 것이 아니라 꿈꾸기를 포기하는 순간부터 진짜 노화는 시작된다.

아무런 꿈도 없이 그저 하루하루를 버티듯이 살면 과연 행복할 수 있을까? 죽을 때까지 재미있게, 행복하게 살기를 원한다면 꿈꾸기를 멈추지 말아야 한다.

다시 꿈을 꾸려면
용기가 필요하다

나이가 들면서 꿈꾸기를 포기하는 이유가 뭘까? 개인적으로는 자신감이 없기 때문이라고 생각한다.

꿈만 꾸어도 행복할 수 있다. 꿈을 이룬 자신의 모습을 상상만 해도 가슴이 설레고 기분이 좋아지기도 한다. 하지만 꿈을 이룰 수 없다고 생각하면 더 이상 꿈꾸는 것이 행복하지 않다. 그래서 나이가 들면 꿈을 꾸려 하지 않는다. 나이가 들어 할 수 있는 것도 없고, 자신을 필요로 하는 곳도 없는데 괜히 혼자 꿈을 꾸다 상처만 입기가 싫어 차라리 꿈꾸기를 포기한다.

실제로 나이가 들수록 원하는 일을 할 수 있는 기회가 줄어드는 것은 사실이다. 취미활동을 하는 데는 나이 제한이 없지만 경제활동을 하는 데는 나이가 걸림돌이 된다. 워낙 주변에서 나이가 들었다는 이유만으로 직장에서 퇴출당하는 모습을 많이 보다 보니 나이가 들수록 자신감을 상실하는 것도 무리는 아니다.

하지만 현실은 꿈을 이기지 못한다. 간절히 꿈을 꾸면 단단했던 현실의 벽도 빗장을 풀고 길을 열어준다.

영어학원을 운영하던 한 중년 여성이 있었다. 교수를 꿈꾸며 서울대학교 영문과를 졸업하고 동대학원에서 석사와 박사 학위를 받았다. 해외 명문대에서 박사학위를 받은 사람들도 교수가 되기 힘든데 국내 박사학위로는 어림도 없었다. 박사 과정까지 마치느라 40살이 다 되어 취업도 힘들었다. 할 수 없이 궁여지책으로 영어학원을 차렸다.

다행히 영어학원이 잘 되어 돈은 꽤 많이 벌었지만 50대가 가까워지면서 초조해졌다. 꿈은 이루어보지도 못하고 이렇게 늙어가다 인생이 끝난다고 생각하니 마음이 무겁고 삶의 의욕도 떨어졌다.

잃어버린 꿈을 찾고 싶어 용기를 냈다. 영어과 교수를 모집하는 대학을 모조리 찾아 응시원서를 냈다. 원서를 낸 곳만도 어림잡아 10군데가 넘는다. 가족은 나이는 많고 학원에서 중고등학생을 가르친 것 외에는 변변한 경력도 없어 붙을 가능성이 희박하다며 말렸다. 그래도 더 늦기 전에 못 다 이룬 꿈에 다시 도전하고 싶어 원서를 냈다. 10군데가 넘는 대학 중 한 대학에서 연락이 왔다.

면접을 보면서 솔직하게 이야기했다.

"원래 전공을 살려 대학에서 학생들을 가르치는 게 꿈이었는데 꿈을 이루지 못하고 학원에서 영어를 가르치고 있습니다. 지금이라도 꿈을 다시 찾고 싶습니다. 그러지 못하면 남은 인생이 우울하고 무의미할 것 같습니다."

면접관이 나이 지긋한 여교수들이었는데, 간절한 중년 여성의 꿈에 공감했던 것 같다고 한다. 그녀는 당당히 전임강사로 채용되어 2014년 1학기부터 대학에서 후학들을 가르치고 있는 중이다. 꿈을 이룬 그녀는 지금 그 어느 때보다도 행복해 보인다. 실패할까 두려워 꿈을 포기했다면 누릴 수 없었을 행복을 마음껏 만끽하고 있다.

나이가 들어 이룰 수 없는 꿈은 없다. 단지 스스로 포기하거나 꿈이 이루어질 수 있음을 믿지 못하고 노력하지 않기 때문에 이루어지지 않는 것뿐이다. 오랫동안 꿈꾸지 않는 사람이 나이 들어 다시 꿈을 꾸려면 용기가 필요하다. 꿈을 방해하는 가장 큰 적은 나이 탓하는 자기 자신이다. 자기 안에 뜨거운 젊은 열정이 흐르고 있음을 믿고 용기를 내어 다시 꿈을 꾸면 나이를 먹는 것이 더 이상 두렵지 않을 것이다.

꿈은 완성이 아닌
시작이어야 한다

세계가 주목하는 김연아 선수는 2010년 밴쿠버올림픽에서 금메달을 따낸 후 한동안 허탈감에 시달렸다고 한다.

7살 때 동네 연습장에서 피겨를 시작한 후 김연아 선수는 올림픽에서 금메달을 따겠다는 꿈을 꾸며 피나는 노력을 했다. 꿈을 이루기 위해 약 14년 동안 그녀는 또래들이 당연히 누리는 일상을 포기해야만 했다. 부모에게 어리광을 부리거나 친구들과 수다를 떨고, 학교에서 친구들과 공부하며 추억을 쌓는 대신 하루 7, 8시간씩 연습에만 몰두했다. 결코 쉽지 않은 과정이었지만 올림픽 금메달을 따겠다는 분명한 꿈이 있어서 감내할 수 있었다.

김연아 선수가 올림픽 금메달을 따는 순간을 지켜본 사람이라면 그녀가 시상대 위에서 뜨거운 눈물을 흘리던 모습을 기억할 것이다. 그때의 눈물은 분명 벅찬 감동과 행복의 눈물이었다. 그렇지만 그 행복은 오래 가지 않았다.

김연아 선수는 한 인터뷰에서 다음과 같이 심경을 토로한 적이 있다.

"올림픽 금메달이 내 인생을 바꿔줄 줄 알았어요. 하지만 우승했는데 아무것도 변하지 않았어요. 그래서 솔직히 공허함을 느꼈어요."

꿈을 이룬 행복감에 한껏 도취되어 있는 것이 당연한데, 왜 김연아 선수는 그런 말을 했을까? 꿈의 속성을 이해하면 답이 보인다.

행복을 이어주는
다음 꿈이 필요하다

김연아 선수는 오랫동안 오직 올림픽에서 금메달을 따겠다는 꿈만 꾸었다. 금메달을 따고 난 이후는 어떻게 살지, 무엇을 꿈꾸면서 살지 생각해본 적이 없어 보인다. 다른 꿈을 생각해볼 여유조차 없었을 것이다. 매 순간 최선을 다해 노력해도 이룰 수 있다고 장담할 수 없는 그런 꿈을 꾸면서 다른 꿈을 꾸는 것은 쉽지 않다. 꿈을 이룬 다음을 생각해보지 않았으니 꿈을 이룬 다음 어떻게 해야 할지, 무엇을 해야 할지 몰라 당황하는 것은 자연스러운 일이다.

굳이 김연아 선수를 예로 들지 않더라도 큰 꿈이든, 작은 꿈이든 그 꿈을 이루고 난 다음 예상하지 못한 허탈감을 느끼며 당황해하는 사람들이 의외로 많다.

요즘 20대들은 대부분 '취업' 자체를 꿈이라고 말한다. 취업하기가 하늘에 별 따기보다 어려운 현실이다 보니 그렇게 말하는 20대들이 많은 것 같다.

모두들 "취직만 하면 세상 부러울 것이 없을 것 같다"며 입을 모은다. 실제로 어려운 관문을 다 통과해 최종 합격하면 얼마 동안은 꿈을 이룬 행복감에 흠뻑 젖어 산다. 하지만 몇 달도 채 지나지 않아 매너리즘에 빠진다. 어떤 일이라도 재미있게 할 수 있을 것 같았는데 시간이 지날수록 일은 점점 더 재미없어지고, 생각이 다른 사람들과 호흡을 맞추며 일하는 것이 점점 더 어려워진다.

더 이상 꿈을 이룬 행복감을 느낄 수 없는 이유는 크게 두 가지다. 하나는 꿈이 불완전했을 경우다. 사실 '취업' 자체가 꿈은 아니다. 하고 싶은 일을 할 수 있는 직장에 취업하는 것은 꿈이 될 수 있지만 어떤 일이든 상관없이 취업만 하면 되는 꿈은 진짜 꿈이라고 보기 어렵다. 그런 꿈은 유효기간이 짧다. 취업했다는 안도감을 느끼는 순간 곧바로 '이건 아닌데' 하며 후회할 수도 있다.

하지만 김연아 선수처럼 정말 오랫동안 갈망했던 꿈을 이루었어도 곧 매너리즘에 빠질 수 있다. 주로 다음 꿈이 없을 때 그렇다. 다행히 김연아 선수는 다음 꿈을 찾은 듯하다. 밴쿠버올림픽에서 금메달을 딴 후 잠시 공백기를 가진 후 소치올림픽에 참여하는 것으로 방향을 잡았다. 그렇게 결심하기까지는 여러 가지 복잡한 사연이 있었을 것이 분명하다. 우리나라가 김연아 선수에게 거는 기대도 저버리기 힘들었을 것이고, 김연아 선수 자신도 한 번 더 올림픽 금메달에 도전하고 싶은 마음이 있었을 것이다.

올림픽 금메달을 향한 또 다른 도전은 아름답게 끝났다. 비록 흠잡을 데 없는 무결점 연기를 보여주었음에도 은메달에 머물렀지만 그녀는 영원한 금메달리스트로 우리 마음속에 남았다. 이제 김연아 선수는 자신의 다음 꿈인 국제올림픽위원회의 위원이 되기 위한 발걸음을 시작할 것이다. 이미 한 번 꿈을 이뤄본 그녀이기에 국제올림픽위원회 위원의 꿈을 꼭 이룰 수 있으리라 믿는다.

꿈을 이룬 후 허탈함에 빠지지 않고 계속 행복할 수 있으려면 또 다른 꿈을 만들고 그 꿈을 키워야 한다. 또 다른 꿈은 내가 가야 할 방향을 분명하게 제시해주기 때문에 방향을 잃고 헤맬 염려도 없다. 만약 가슴 뛰는 또 다른 꿈을 찾기가 어렵다면 최소한 꿈을 이룬 후 그 꿈을 어떻게 지속, 발전시킬지는 미리 생각해두어야 한다. 그래야 꿈을 이룬 후 당황하지 않는다.

꿈을 이룬 순간
진짜 꿈이 시작된다

　오랫동안 갈망하던 꿈을 이루었을 때는 희열도 크지만 후폭풍으로 따라오는 허탈감도 크다. 그래서 꿈을 이룬 후 꿀 수 있는 다음 꿈이 필요하다고 했지만 사실 대부분의 꿈은 이루었다고 생각하는 순간부터가 진짜 시작이다.

　예를 들어 선생님이 되어 아이들을 잘 가르치는 것이 꿈이라고 가정해보자. 이런 경우 선생님이 되면 꿈을 다 이룬 것으로 생각하기 쉽지만 그렇지 않다. 아이들을 잘 가르치는 선생님이 되는 것이 꿈이므로 선생님이 된 자체로는 꿈을 완전히 이루었다고 볼 수 없다. 선생님이 된 것은 본격적으로 꿈을 향해 달려갈 수 있는 티켓을 얻은 것에 불과하다.

　내가 꾸는 꿈도 비슷하다. 30대 때 공무원이 되고, 40대 때 전문 강사가 되는 것은 꿈의 시작일 뿐이다. 나 역시 공무원이 된 그 자체에 만족하지 않고 신명나게 일해 최고로 일 잘하는 공무원이 되는 것이 꿈이었다. 40대인 지금도 전문 강사가 되는 것 자체가 꿈이었다면 더 이상 할 일이 없다. 하지만 40대의 꿈은 전문 강사가 되어 수많은 사람들과 소통하고 그들이 변할 수 있도록 돕는 것이 꿈이므로 그 꿈은 지금 현재진행형인 셈이다.

　이처럼 직업 자체는 꿈이 될 수 없다. 그럼에도 많은 사람이 꿈과 직업을 동일시하는 이유는 대부분 직업을 통해 꿈을 구현하기 때문이다. 꿈과 직업의 차이를 이해하면 좀더 길게 가는 꿈을 꿀 수 있다. 단순히 직업을 목표로 꿈을 꾸는 것이 아니라 그 직업을 통해 궁극적으로 어떤 사람이 되고 싶은지, 어떤 모습으로 살고 싶은지를 꿈꾸면 꿈을 이루었다고 허탈해할 염려가 없다.

DREAM

PART 2

꿈은
내 안에
있다

자신에게 100번 물으면
꿈이 보인다

　하고 싶은 일이, 이루고 싶은 꿈이 있는데, 여건이 허락하지 않아 할 수 없는 경우라면 차라리 다행이다. 하지만 스스로 어떤 꿈을 꾸고 싶어 하는지 모르는 사람들이 의외로 많다. 간절하게 무언가를 꿈꾸면서 열심히 살아보고 싶은데 어떤 꿈을 꾸고 싶어하는지 몰라 답답해한다.

　꿈은 아무도 대신 찾아줄 수 없다. 꿈을 찾은 다음 그 꿈을 이루는 데 다른 사람이 도움을 줄 수는 있어도 꿈만은 스스로 찾아야 한다. 그래야 간절하게 꿈을 꾸고 이룰 수 있다.

　많은 사람이 간절하게 이루고 싶은 꿈이 없다고 말한다. 꿈이 없는 사람은 없다. 다만 그 꿈이 워낙 마음 속 깊숙이 숨어 있어 자신조차도 모를 뿐, 누구에게나 세포 하나하나까지 살아 숨 쉬게 하는 꿈이 있다. 마음 속 깊은 곳에서 잠자고 있는 꿈을 깨우려면 자기 자신에게 물어봐야 한다. 스스로에게 묻고 답을 하다 보면 내가 누구인지, 내 꿈이 무엇인지를 알 수 있다.

나를 알기 위한 자문자답이 꿈을 깨운다

꿈을 찾으려면 먼저 내가 누구인지부터 알아야 한다. 처음부터 다짜고짜 '내 꿈이 뭐지?'라고 물으면 쉽게 답을 찾기가 어렵다. 나를 알기 위한 질문부터 해야 한다. 내가 무엇을 좋아하고, 어떤 일을 할 때 행복하고 신나는지를 자문해야 비로소 내가 원하는 것이 무엇인지를 알 수 있다.

- 내가 가장 좋아하는 것은 무엇인가?
- 어떤 일을 할 때 제일 즐겁고 신나는가?
- 무엇을 할 때 잠이 안 올 만큼 설레고 흥분되는가?
- 나는 언제 가장 행복한가?

굳이 이런 질문을 하지 않고도 스스로 무엇을 좋아하고 재미있어 하는지를 알면 꿈을 찾기가 쉽다. 내 경우 20대까지만 해도 춤은 절대적이었다. 다른 어떤 것보다도 춤추는 것이 좋았고, 춤을 출 때 제일 신났고,

행복했다. 그래서 춤은 20대 때 내 꿈이 되었다.

자신에게 물었을 때 쉽게 답이 나오지 않는다면 시간이 필요하다. 시간을 두고 묻고 또 물으면 답이 선명해진다. 예를 들어 '어떤 일을 할 때 즐겁고 신나는가?'라는 질문에는 여러 가지 답이 나올 수 있다. 노래를 부를 때도 신나고, 맛있는 음식을 먹는 것도 즐겁고, 영화를 보는 것도 재미있다면 우선순위를 매겨보는 것도 좋다. 가장 좋아하고 재미있어 하는 일일수록 꿈과 관련 있을 가능성이 크다.

좋아하는 일, 신나고 재미있는 일이 비중이 엇비슷해 순서를 정하기 어렵다고 해도 걱정할 필요가 없다. 꿈은 꼭 한 가지가 아니다. 미치도록 좋아하는 일이 여러 가지라면 여러 개의 꿈을 꾸면 된다.

자신에게 묻고 답하면서 좋아하는 일, 행복한 일, 즐겁고 재미있는 일을 찾았다면 한 걸음 더 나아가 다음과 같은 질문을 하면 꿈을 좀더 확실하게 찾을 수 있다.

'몇 번을 되풀이해도 여전히 즐겁고 재미있는가?'

단순히 즐겁고 행복하다는 것만으로는 부족하다. 똑같이 좋아하는 일을 할 때도 강도는 다를 수 있다. 그 일을 할 때는 좋았지만 몇 번 되풀이 할수록 재미가 반감되거나 싫증난다면 정말 꿈으로 연결시킬 수 있는 일인지 되짚어보아야 한다. 하면 할수록 더 재미가 붙고, 그 일을 할 생각만으로도 설레고, 일이 끝난 후에도 쉽게 흥분이 가라앉지 않는 일일수록 꿈과 가깝다.

자문으로 부족하다면
남에게 물어라

매일 틈날 때마다 자신에게 묻고 답하다 보면 자기가 누구인지, 무엇을 꿈꾸는지 알 수 있다. 하지만 그것만으로 확신하기 어렵다면 다른 사람에게 도움을 요청하는 것도 괜찮다.

- 내가 무엇을 할 때 제일 신나고 재미있어 보여?
- 내가 무엇을 할 때 제일 행복해 보여?

내게 했던 질문을 그대로 다른 사람에게 던져보면 새로운 대답이 나올 수도 있다. 스스로를 객관적으로 분석하고 평가할 수 있는 사람은 드물다. 누구나 조금씩은 자신만의 창을 통해 자신을 바라본다. 그러다 보니 '내가 생각하는 나'와 '다른 사람이 생각하는 나'가 일치하지 않는 경우가 많기 때문에 다른 사람에게 내가 어떤 사람인지 물으면 전혀 생각하지도 못했던 말을 들을 수 있다.

'내가 생각하는 나'와 '다른 사람이 생각하는 나'가 차이가 많이 난다는 것은 그만큼 내가 나를 모른다는 의미이기도 하다. 내가 나를 모를 수 있다는 것을 인정하면 다른 사람들이 말해주는 내 모습에서 꿈을 찾을 수도 있다.

세계적인 톱모델 장윤주 씨의 어릴 적 꿈은 개그맨이었다. 남을 웃길 때 행복하고, 실제로 유머감각도 뛰어나 개그맨이 될 자질도 있었지만 그녀는 개그맨이 아닌 모델이 되었다. 아마 자문만으로 꿈을 찾았다면 그녀는 지금쯤 사람들에게 웃음을 선물하는 개그맨이 되어 있을지도 모를 일이다.

그녀가 개그맨 꿈을 접고 모델 꿈을 꾼 데는 중학교 수학 선생님이 한 말이 결정적인 역할을 했다.

그녀는 젓가락처럼 마르고 가는 자신의 다리를 싫어했다. 친구들도 다리가 너무 얇다고 뒤에서 숙덕댔다. 그녀에게 얇고 긴 다리는 기분을 상하게 하는 콤플렉스에 불과했다. 그러던 어느 날, 수학 선생님이 그녀의 다리를 보고 감탄하며 "윤주, 너 다리 예쁘구나. 모델 해도 되겠다"고 말했다. 자신은 미처 몰랐던 자신의 강점을 수학 선생님을 통해 발견하고 그때부터 모델이 되는 꿈을 꾸기 시작했다.

이처럼 때로는 다른 사람들이 나보다 더 나를 잘, 정확하게 안다. 평소 가까이에서 나를 많이 지켜본 사람일수록 내가 모르는 내 모습을 알 가능성이 크다. 그런 사람들이 해주는 말에 귀를 기울이면 자신이 미처 찾지 못한 꿈을 찾을 수도 있다.

꿈을 찾는 데
도움 되는 질문들

꿈을 찾고 싶어하는 사람들에게 내가 추천하는 양식이 있다. LWW 시트와 5W1H 시트가 그것이다. 간단하게 내가 무엇을 좋아하고, 무엇을 할 때 즐겁고 신나는지를 물어도 좋지만, 자신이 간절하게 원하는 꿈을 좀더 빠르고 확실하게 찾으려면 LWW 시트와 5W1H를 이용하면 도움이 될 것이다. 이 시트들은 그동안 내가 꿈을 찾기 위해 수없이 자문하면서 많은 도움을 받았다고 판단한 질문들을 체계적으로 정리한 것이다.

LWW 시트 활용하기

LWW 시트는 좋아하는 것(Like), 잘하는 것(Well), 그리고 하고 싶은 것(Want)을 구분해 질문하는 것이다. 얼핏 보면 큰 차이가 없는 것 같지만 그렇지 않다. 각각 성격이 다르기도 하지만 좋아하는 것과 잘하는 것, 하고 싶은 것을 구분해 자문해야 꿈을 찾는 것뿐만 아니라 꿈을 이루는 가장 효과적인 방법도 찾을 수 있다.

좋아하는 것은 취미나 열정과 관련이 깊다. 가슴을 뛰게 하는 것이기도 하다. 잘하는 것은 자신의 강점, 특기와 연결된다. 잘하는 것과 꿈을 연결시키면 꿈을 이루기가 상대적으로 쉽다. 마지막으로 하고 싶은 것은 꿈을 이룰 때 분명한 목표를 세우고 도전하게 만드는 원동력으로 작용한다.

구분	속성	관련 질문
좋아하는 것(Like)	취미(열정)	① 내가 가장 좋아하는 것은 무엇인가? ② 어떤 일을 할 때 제일 즐겁고 신나는가? ③ 무엇을 할 때 잠이 오지 않을 만큼 설레고 흥분되는가? ④ 언제 가장 행복한가? ⑤ 좋아하는 일이 여러 가지라면 어떤 일을 가장 좋아할까? ⑥ 여러 번 반복해도 싫증나지 않고 여전히 좋은가? ⑦ 일이 끝난 후에도 여운이 남는가? ⑧ 그 일을 생각만 해도 기분이 좋아지고, 가슴이 설레는가?
잘하는 것(Well)	특기(차별화)	① 내가 잘할 수 있는 일은 무엇인가? ② 잘할 수 있는 일이 여러 가지라면 가장 잘할 수 있는 일은 무엇인가? ③ 나의 장점은 무엇인가? ④ 다른 사람과 다른 나만의 무엇이 있는가?
하고 싶은 것 (Want)	도전(목표)	① 왜 이 일을 하고 싶은가? ② 어떤 목표로 이 일을 하고 싶은가?

5W1H 시트 활용하기

글을 쓸 때 반드시 육하원칙을 지키라는 말을 많이 한다. 특히 신문기사처럼 사실을 정확하게 전달해야 하는 글이라면 반드시 육하원칙을 지켜야 한다. 육하원칙이란 글을 쓸 때 누가(Who), 무엇을(What), 언제(When), 어디서(Where), 왜(Why), 어떻게(How) 등 여섯 가지 요소를 담는 것을 말한다. 영어 단어의 첫 글자를 따서 5W1H라 하기도 한다.

5W1H는 꿈을 찾을 때도 도움 된다. 일부 내용은 LWW와 중복되지만, 5W1H 시트를 활용해 자문하면 미처 알지 못했던 새로운 부분을 알 수 있다. 무엇보다 5W1H 시트를 활용하면 꿈을 꾸어야 할 확실한 동기와 꿈을 이룰 수 있는 방법까지 연결할 수 있기 때문에 큰 도움이 된다.

구분	세부 사항	관련 질문
5W	Who	누구를 위해 일할 때 신나고 즐거우며 몰입이 잘 되고 행복한가?
	When	언제 가장 신나고 즐거우며 몰입이 잘 되고 행복한가?
	Where	어디에 있을 때 신나고 즐거우며 몰입이 잘 되고 행복한가?
	What	무엇을 할 때 신나고 즐거우며 몰입이 잘 되고 행복한가?
	Why	왜 그 일을 하면 신나고 즐거우며 몰입이 잘 되고 행복한가?
1H	How	어떻게 할 때 신나고 즐겁고 몰입이 잘 되고 행복한가?

미치도록
가슴 뛰게 하는 꿈이 진짜다

나는 아침에 일어나 강연하러 갈 때면 가슴이 뛴다. 오늘은 어떤 사람들이 나를 기다리고 있을지 생각만 해도 가슴이 설렌다. 그렇게 가슴이 콩닥콩닥 뛰니 강연하러 가는 발걸음이 가벼울 수밖에 없다. 20대 때 춤을 출 때도 그랬다. 춤만 생각하면 세포가 깨어나는 것 같았다. 30대 때도 마찬가지였다.

매일 아침 즐거운 마음으로 출근할 수 있는 직장인들은 그리 많지 않다. 아침마다 돌덩이처럼 무거운 눈꺼풀을 억지로 뜨고 출근하는 것이 흔히 볼 수 있는 모습이다. 하지만 나는 놀이터에 가듯 즐거운 마음으로 출근하곤 했다.

내 자랑을 늘어놓는 것이 아니다. 꿈이 있기에 하루하루 가슴 뛰는 삶을 살 수 있다는 것을 말하고 싶은 것뿐이다. 매일 즐겁게, 가슴 설레며 살 수 있으려면 꿈이 있어야 한다. 그것도 미치도록 가슴을 뛰게 하는 그런 꿈이 있어야 꿈을 이루는 과정도, 꿈을 이룬 후에도 즐겁고 행복할 수 있다.

머리보다
가슴이 먼저다

꿈을 찾으려면 끊임없이 자신에게 질문해야 한다. 질문에 답하려면 생각해야 한다. 조용히 자신을 돌아보며 무엇을 좋아하는지, 어떤 일을 할 때 즐겁고 신이 나는지를 생각해보는 것도 아주 중요하다. 하지만 진짜 꿈은 머리보다 가슴이 먼저 반응한다. 머리로는 정말 자신이 그린 꿈을 꾸고 싶어하는지 확신이 서지 않는데, 가슴부터 뛴다.

미치도록 가슴이 뛰지 않는다면 아직 진짜 꿈을 찾지 못한 것이나 마찬가지다. 강연할 때, 종종 청중에게 가슴이 뛰어본 적이 있느냐고 묻는다. 대부분 고개를 절레절레 흔든다. 가슴은 뛰지 않는데 생각은 많다. 특히 취업을 앞둔 학생들은 가슴이 뛰기보다는 빨리 원하는 직장에 취업해 부모님의 부담을 덜어드리고 싶어한다. 물론 원하는 직장은 가슴보다 머리가 말하는 직장이다. 연봉, 근무조건 등을 따져 안락한 미래를 보장할 수 있는 직장에 취업하기를 꿈꾼다.

머리가 꿈을 말해도 그 꿈이 가슴을 뛰게 하지 않는다면 다시 생각해 보아야 한다.

취업 준비를 하던 여대생이 있었다. 졸업을 앞둔 4학년이어서 마음이 급했다. 그 또래들이 대부분 그렇듯 안정적인 직장을 꿈꾸며 취업을 준비하고 있었다. 그러던 중 정말 가슴 뛰게 하는 일을 하는 것이 중요하다는 내 강연을 듣고 고민에 빠졌다. 곧 졸업이므로 취업을 준비하고는 있지만 그다지 가슴이 뛰지 않기 때문이다.

"꼭 대학을 졸업하고 바로 취업할 이유가 있을까요? 1년쯤 늦더라도 정말 가슴 뛰는 일을 찾는 게 중요하지 않을까요?"

그녀는 공감하면서도 어떻게 가슴 뛰는 일을 찾을지 막막해 보였다.

얼마쯤 지났을까? 그녀가 다시 나를 찾아왔다. 가슴 뛰는 일을 찾았다고 했다. 뜻밖에도 강사가 되고 싶다고 했다.

"선생님 강연을 들으면서 가슴이 뛰었어요. 저도 선생님처럼 다른 사람의 가슴을 뛰게 하는 그런 사람이 되고 싶어요."

가슴 뛰는 일을 찾았다는 것은 축하할 일이지만 선뜻 축하해주지 못했다. 지금까지 한 번도 강사를 꿈꾸지 않았던 학생이었다. 그런 그녀가 내 강의를 듣고 잠시 가슴이 뛰었다고 강사가 되는 것은 그리 바람직하지 않았다. 좀더 시간을 두고 지켜봐야 할 필요가 있었다. 가슴이 하루이틀 뛰고 그만이라면 그것은 진짜 꿈이 아니다. 시간이 흘러도 여전히 가슴을 뛰게 해야 꿈으로서 자격이 있다.

"조금만 더 기다려봅시다. 한두 달 쯤 더 기다려보고 여전히 변함없다면 그때 결정해도 늦지 않겠죠."

들떠서 나를 찾았던 그녀는 조금 실망한 기색으로 돌아갔다. 그녀가 어떤 결정을 할지 궁금했지만 조용히 기다렸다.

한 달 쯤 지난 후, 그녀가 밝은 얼굴로 다시 찾아왔다.

"계속 가슴이 뛰어요. 내가 누군가의 생각을 변화시키고 행동을 변화시키는 데 조금이라도 도움을 줄 수 있는 사람이 될 수 있다고 생각하니까 짜릿하기까지 해요."

그제야 나도 아낌없이 그녀에게 축하의 박수를 보냈다. 정말 가슴 뛰는 일을 찾았다는 생각이 들어서였다. 지금 그녀는 자신이 꿈꾸었던 대로 강사로 일하고 있다. 환경가전 업체인 C사 교육팀에 입사해 사내 강사로 활동 중이다. 가끔씩 전화통화를 하곤 하는데, 가슴 뛰는 일을 하고 있어서인지 목소리가 늘 생기가 넘친다.

이처럼 진짜 꿈은 가슴으로 알 수 있다. 물론 가슴을 뛰게 한 그 일이 정말 자신의 꿈이 맞는지는 머리로 생각해야 한다. 하지만 어디까지나 가슴이 말하는 소리에 먼저 귀를 기울여야 오랫동안 지치지 않고, 설레는 마음으로 할 수 있는 일을 찾을 수 있다는 것을 잊어서는 안 된다.

가슴이 뛰어야
꿈도 살아 숨 쉰다

똑같이 꿈을 꾸어도 어떤 사람은 꿈을 이루고 어떤 사람은 계속 꿈만 꾼다. 왜 그럴까? 꿈을 이루려면 생각만 바뀌어서는 안 된다. 행동이 변해야 한다. 꿈을 이루는 데 방해되는 습관은 버리고, 꿈을 이루는 데 도움 되는 습관으로 바꿔야 한다.

생각만으로는 행동이 잘 바뀌지 않는다. 하지만 가슴이 뛰면 이야기가 달라진다. 가슴이 가만히 있도록 내버려두지 않는다. 머리는 가만히 진정하고 있으라고 주문해도 몸이 움직인다. 가슴이 뛰면 그 자체가 몸이 움직여야 하는 강력한 동기 역할을 하기 때문이다. 그렇게 행동이 변하면 꿈을 이루기도 그만큼 쉬워진다.

사랑해본 사람은 사랑이 얼마나 사람을 변하게 하는지 잘 알 것이다. 사랑하는 사람이 생겨 가슴이 뛰면 잘 웃지 않고 무뚝뚝했던 사람이 웃음이 헤퍼지고, 전화통화 오래 하는 것을 매너 없다며 경멸하던 사람이 밤새도록 전화통을 붙잡고 사랑의 밀어를 나누기도 한다. 까칠했던 사람이 어느 날 갑자기 남을 배려하는 사람으로 돌변하기도 한다. 의식적으로 노력하지 않아도 저절로 일어나는 변화들이다.

꿈도 사랑과 많이 닮았다. 가슴을 뛰게 한다는 점도 그렇고, 자신도 모르는 사이에 변한다는 점에서도 그렇다. 가슴이 뛰었을 때와 그렇지 않을 때의 차이는 너무나 크다. 가슴이 뛰지 않으면 작은 행동 하나 바꾸거나 실천하는 것도 어렵다. 반면에 가슴이 뛰면 크게 힘들이지 않고 즐기면서 변할 수 있다.

아이들을 키우다 보면 하고 싶은 일을 할 때와 별로 하고 싶지 않은 일을 억지로 할 때의 차이를 확실히 느끼곤 한다. 하기 싫은 것을 할 때는 지극히 수동적이다. 몇 번이고 되풀이해 잔소리해야 겨우 움직인다. 하지만 아이가 좋아하는 것, 하고 싶은 것을 할 때는 다르다. 깨우지도 않았는데 알아서 시간 맞춰 일어나고, 준비도 혼자 척척 잘한다.

일단 가슴이 미치도록 뛰면 누구도 변화를 막지 못한다. 연예인들 중에는 부모님이 강력하게 반대해 어쩔 수 없이 집을 나와 갖은 고생을 한 경우가 많다. 집을 나와야 했던 그들의 마음도 결코 편하지 않았을 것이다. 부모님 생각을 하면 연예인의 꿈을 접고 싶은 마음도 있었지만 그럴 수가 없었다. 연예인이 될 생각만 하면 미치도록 가슴이 뛰는데 가슴이 전하는 말을 못 들은 척 예전대로 살 수는 없었을 것이다.

가슴이 뛴다고 꼭 그 꿈이 이루어진다는 보장은 없지만 가슴이 뛰지 않는다면 꿈을 이룰 가능성은 더 작아진다. 가슴이 뛰어야 꿈을 이루는 데 필요한 모습으로 자신을 바꿀 수 있기 때문이다. 따라서 꿈을 찾기 위한 질문을 스스로에게 던지면서 꼭 확인해보자. 어떤 대답을 할 때 가슴이 뛰는지, 어떤 모습을 상상할 때 가슴이 가장 뛰는지. 가슴 뛰게 하는 그 일이 바로 그토록 애타게 찾던 자신의 진짜 꿈이다.

허황된 꿈은
꾸지 않는 것만 못하다

많은 사람들이 꿈은 한계가 없다고 말한다. 실제로 꿈속에서는 이루지 못할 것이 없다. 대통령이 될 수도 있고, 우주과학자가 되어 우주를 여행할 수도 있고, 마법사가 되어 동화 같은 세상을 만들 수도 있다. 꿈만 꾸는 것으로 만족한다면 어떤 꿈을 꾸어도 다 괜찮다.

어차피 꿈은 이룰 수 없기 때문에 꿈이라고 말하는 이들도 있다. 설령 꿈을 이룰 수 없어도 아예 아무 꿈도 꾸지 않는 것보다는 꿈을 꾸는 것이 좋다는 의미로 이런 말을 한다. 하지만 나는 생각이 다르다. 꿈만 꾸는 것만으로 얼마나 행복할 수 있을까? 잠깐 현실 속에서는 불가능한 꿈을 꾸며 단꿈에 젖을 수는 있겠지만 그뿐이다. 꿈에서 깨 다시 현실을 마주하면 잠시 느꼈던 행복은 물거품처럼 사라지고 만다.

꿈은 현실이어야 한다. 머릿속에서나 가능한 꿈이 아니라 현실로 만들

수 있는 꿈을 꾸어야 신기루 같은 행복이 아닌 진짜 행복을 오랫동안 누릴 수 있다.

이루지 못한 꿈은
상처다

꿈만 꾸어도 행복할 수 있다는 말을 반박할 수 있는 증거는 수도 없이 많다. 간절히 꿈꾸었음에도 결국 이루지 못한 사람들에게 꿈을 물어보면 대부분 쓸쓸한 표정을 짓는다. 한때 그런 꿈을 꾸었다는 것을 좋은 추억으로 간직하는 사람들도 있지만 그보다는 이루지 못한 꿈을 떠올리며 가슴 아파하는 사람들이 더 많다.

때로는 이루지 못한 꿈이 평생을 따라다니며 괴롭히는 콤플렉스가 되기도 한다. 변호사가 되기를 꿈꾸던 지인이 있었다. 변호사가 되어 힘없는 약자를 돕고 싶어했다. 꽤 오랫동안 한눈팔지 않고 열심히 고시 공부에 매달렸다. 사법고시를 치른 첫해에는 1차를 여유 있게 합격했다. 2차 시험은 비록 떨어졌지만 근소한 차이여서 다음해에는 합격할 줄 알았다. 하지만 다음해에도 2차 시험을 통과하지 못해 다시 1차 시험부터 봐야 했고, 그 이후에는 1차 시험에도 합격하지 못했다.

아예 합격한 경험이 없으면 좀더 빨리 포기할 수 있었을지도 모른다.

하지만 첫해에 1차 시험에 합격했던 경험이 내내 미련을 남겼다. 조금만 더 공부하면 합격할 수 있을 것 같은 생각이 들어 한 해 두 해 계속하다 보니 10년이 훌쩍 지나갔다.

고시 준비 10년째에 접어들면서 그는 심각하게 고민했다. 10년 동안 열심히 공부했는데도 안 되었다면 더 늦기 전에 포기하고 다른 길을 찾아야 한다는 생각이 자꾸 들었다. 그러면서도 한편으로는 지금껏 쏟은 시간과 노력이 아까워 끝을 보고 싶은 마음도 있었다.

오랜 고민 끝에 사법고시를 포기하고 법무사 시험을 보기로 했다. 마음은 공부를 계속하라고 시켰지만 더 이상 부모님 볼 면목이 없었다. 10년 동안 못난 아들 뒷바라지하느라 고생하신 부모님이었다. 부모님은 당신들은 괜찮다고 하시지만 늙으신 부모님께 더 이상 부담을 드리고 싶지 않아서 어렵게 꿈을 포기했다.

법무사 시험은 수월하게 합격했다. 이후 그는 법무사로 능력을 인정받고 결혼도 해 단란한 가정도 꾸렸다. 경제적으로 안정되어 내 집도 마련하고 적당히 골프도 즐기면서 잘살고 있다. 남들이 보기에는 부러울 것 하나 없는 삶을 누리고 있는 것처럼 보인다. 그렇지만 그는 지금도 사법고시 합격자 발표가 나는 날에는 마음이 싱숭생숭해 아무 일도 하지 못한다. 시간이 지날수록 무뎌져 평소에는 거의 잊고 지내다가도 사법고시 합격자 발표가 나고, 언론매체에서 관련 보도를 하기만 하면 아물었던 상처가 다시 터지듯 마음이 쓰렸다.

함께 공부했던 고시생 동기들과도 잘 만나지 못한다. 보란 듯이 사법고시에 합격해 판검사 혹은 변호사로 활동하고 있는 동기들을 보면 괜히 열등감을 느껴져 편하지가 않고, 자신처럼 끝내 합격하지 못한 동기들은 잊고 싶은 부끄러운 자신의 모습을 보는 것 같아 불편했다. 현재의 삶에 큰 불만이 없는데도 못 다 이룬 꿈은 집요하게 그를 괴롭히는 상처가 되어버렸다.

꿈을 꾸고 있는 동안은 행복할 수 있다. 하지만 어디까지나 현재진행형일 때 그렇다. 비록 아직까지는 꿈을 이루지 못했어도 꿈을 이루기 위해 노력하면서 잔잔한 행복을 느낄 수도 있다. 반면에 끝내 꿈을 이루지 못하면 꿈은 상처가 되기 쉽다. 주변에서 이루지 못한 꿈 때문에 가슴 아파하고 후회하는 이들을 볼 때마다 그런 생각을 굳히게 된다.

허황된 꿈을 꾸지 않으려면
나를 분석하라

꿈을 이루지 못하는 이유는 다양하다. 꿈을 이루기 위해 최선을 다하지 않았기 때문일 수도 있고, 꿈 자체가 너무 커서 평생을 노력해도 이루지 못했을 수도 있다. 꿈을 크게 꾸는 것은 문제가 되지 않는다. 하지만 꿈의 크기가 현실적으로 도저히 감당하기 어려운 정도라면 문제가 된다. 현실과는 거리가 먼 허황되고 황당한 꿈은 대부분 이룰 수 없기 때문이다.

나는 멘티들에게 허황된 꿈은 꾸지 못하게 한다. 이룰 수 없는 허황된 꿈을 꾸면 삶을 변화시키기는커녕 꿈을 이루지 못한 상처만 안게 되기 때문이다. 그래서 허황된 꿈을 버리고 충분히 이룰 수 있는 현실적인 꿈을 꿀 것을 조언한다. 허황된 꿈은 꿈이 아니라 망상이다. 현실에 뿌리를 둔 꿈이 진짜 꿈이다.

그렇다면 꿈과 망상은 어떻게 구별할 수 있을까? 그 답은 스스로에게 물어보면 얼마든지 알 수 있다. 자문을 통해 자기 자신을 냉정하게 판단하면 어떤 꿈이 망상이고, 어떤 꿈이 진짜 꿈인지 쉽게 보인다.

고등학교 3학년에 처음 올라가면 대부분 희망 대학을 조사한다. 강남에 위치한 한 고등학교 3학년 담임선생님이 했던 말이 인상적이다.

"나는 우리 반 아이들이 천재라고 생각해요. 35명 아이들 중 한두 명 빼고는 다 스카이가 목표라네요."

공부 잘하는 아이들은 당연히 '스카이'를 꿈꿀 수 있다. 하지만 현재의 성적으로는 전문대도 가기 힘든데 그런 아이들까지 스카이를 꿈꾼다는 게 그 선생님의 말이었다. 전문대 갈 실력으로 스카이를 꿈꾸는 것은 망상이다.

물론 반론이 있을 수 있다. 현재 성적은 좋지 않지만 수능시험 보기 전까지 죽을 각오로 공부하면 가능할 수도 있지 않겠느냐는 반론이다. 전혀 불가능한 일은 아니지만 1년도 채 안 되는 기간 동안 전문대 갈 실력이 일취월장해 그곳에 들어갈 확률은 극히 낮다. 그럼에도 이루기 힘든 허황된 꿈을 꾸는 이유는 자기분석이 부족하기 때문이다.

공부를 제대로 하지 않았던 아이들은 막연히 공부하기만 하면 성적이 쑥쑥 올라갈 것이라 기대한다. 아이들뿐만 아이라 부모들도 마찬가지다. 아이가 머리가 좋기 때문에 마음먹고 공부하면 금방 잘할 수 있을 거라고 믿는다. 그렇게 자기를 모르니 황당한 꿈을 꿀 수밖에 없다.

자기분석을 제대로 하면 현실적인 꿈을 꿀 수 있다. 자신이 어디까지 할 수 있고 할 수 없는지를 잘 알기 때문에 얼마든지 이룰 수 있는 현실적인 꿈을 꾸는 것이 가능하다.

또한 현실적인 꿈을 이룰 수 있는 현실적인 방법도 고민할 수 있다. 예를 들어 나는 1년 동안 강연을 통해 1억원을 벌겠다는 꿈을 꿀 때 구체적인 방법을 생각한다. 그 돈을 벌기 위해 상반기에 2박 3일짜리 과정을 몇 개 만들어 몇 회 강연을 해 얼마를 벌고, 하반기에는 어느 정도를 소화해야 그 돈을 벌 수 있는지를 계산한다. 그 과정에서 생각보다 무리하다고 판단되면 꿈을 수정하기도 한다.

현실적인 꿈을 꾸고, 꿈을 이룰 수 있는 현실적인 방법까지 고민하는데, 꿈을 이루지 못할 이유가 없다.

현실적인 꿈에
하나만 더하라

　자기분석을 통해 현실적인 꿈을 꾸면 어떤 꿈이든 다 이룰 수 있다. 하지만 자기가 할 수 있는, 이룰 수 있는 수준에서 꾸는 꿈에 반감을 품는 이들도 많다. 전문대학을 갈 만한 실력을 갖고 있는 아이가 전문대학에 진학하는 것을 과연 꿈이라고 할 수 있느냐 반문하기도 한다. 꿈을 이루기는 쉽겠지만 그런 꿈이 보통 꿈을 이루었을 때 주는 짜릿함과 행복감은 주지 못할 것이라고 우려하기도 한다.

　충분히 공감한다. 허황된 꿈을 꾸지 말고 현실적인 꿈을 꾸어야 하는 것은 맞지만 그렇다고 현재의 자기 능력으로 감당할 만큼만 꿈을 꾸는 것도 바람직하지 않다. 꿈은 시간과 노력을 투자했을 때 비로소 가치를 더한다. 아무런 노력 없이 있는 현재의 능력으로 이룰 수 있는 정도는 꿈이라고 보기 어렵다.

　허황되지 않으면서도 꿈다운 꿈을 꿀 수 있으려면 현실적인 꿈에 하나를 더하는 것이 좋다. 현재 자기 능력으로 가능한 것에 현재로서는 할 수 없는 것 한 가지만 더하면 된다. 현재는 할 수 없지만 노력하면 할 수 있는 그 하나가 꿈의 가치를 결정한다.

　예를 들어 현재는 전문대학을 갈 실력이지만 꿈의 크기를 4년제 대학으로 한 단계 높여도 그 꿈은 현실적인 꿈의 범주에서 크게 벗어나지 않는다. 열심히 노력하면 자기 능력보다 한두 단계 높은 꿈은 얼마든지 이룰 수 있기 때문이다.

현재 능력으로도 할 수 있는 것은 꿈이라기보다는 그냥 현실이다. 현실과 꿈은 다르다. 적어도 현실에는 없는 한 가지가 더해져야 꿈이라고 할 수 있다. 더 많은 것을 더해도 이룰 수 있는 사람도 있겠지만 무리할 필요는 없다. 욕심 부리지 말고 한 가지를 더해 꿈을 이루어보는 것이 중요하다. 한번 꿈을 이룬 사람은 꿈을 이루었을 때의 짜릿함과 성취감을 기억하기 때문에 또 다른 꿈을 꾸고 이루기가 쉽다. 그렇게 하나씩을 더해 꿈을 꾸고 이루기를 계속하면 삶이 훨씬 더 풍요롭고 행복해질 것이다.

꼭 먹어봐야
맛을 아나

꼭 먹어봐야 맛을 아나

꿈을 찾을 때 직접 보고 듣고 체험한 것만큼 확실한 것은 없다. 하지만 직접 경험하며 꿈을 찾으려면 시간이 오래 걸릴 수 있다. 한두 번의 경험만으로 꿈을 속단할 수는 없다. 한두 번 경험했을 때는 신나고 즐거웠지만 그 이상 반복하면서 흥미가 떨어질 수 있기 때문이다. 따라서 충분한 시간을 두고 여러 차례 되풀이하면서 꿈을 찾는 것이 가장 확실하다.

문제는 그렇게 했을 때 시간이 너무 많이 걸릴 수 있다는 데 있다. 빨리 꿈을 찾으면 다행이지만 다양하게 경험했는데도 이렇다 할 꿈을 찾지 못해 계속 꿈만 찾는 것도 바람직한 모습은 아니다. 꿈을 찾는 것도 중요하지만 꿈을 이루는 것이 더 중요하기 때문이다.

직접 경험만이 답은 아니다. 좀 더 빨리 꿈을 찾을 수 있는 방법이 있다. 바로 책을 읽거나 다른 사람을 통해 간접 경험을 하면 된다.

닮고 싶은 사람을 통해
꿈을 찾는다

나와 인연을 맺은 사람들 중에는 의외로 강사를 꿈꾸는 이들이 제법 있다. 20대부터 30대, 40대까지 다양한 사람들이 강사를 꿈꾼다. 그들은 대부분 나를 만난 이후 강사를 꿈꾸게 되었다고 말한다. 그 전에는 강사라는 직업에 큰 매력을 느끼지 못하거나 자기와는 거리가 먼 직업이라 생각했는데 나를 만나고 생각이 바뀌었다고 한다. 나를 통해 강사가 단순히 강의나 강연을 하고 돈을 버는 사람이 아니라 다른 사람들에게 긍정적인 에너지를 주고 변화시킬 수 있음을 확인하고 강사를 다시 보게 되었다고 입을 모은다.

내 자랑을 늘어놓으려는 것이 아니다. 사람들은 종종 다른 사람을 통해 자신의 꿈을 찾는다. 어렸을 때는 많은 아이들이 선생님을 꿈꾼다. 아이들을 가르치고 사랑하는 선생님의 모습이 좋아 자기도 커서 선생님이 되고 싶다는 꿈을 키운다. 범죄자를 잡는 경찰을 보면서 경찰을 꿈꾸기도 하고, 갖고 싶었던 물건을 배달해주는 택배 아저씨가 멋져 보여 택배 일을 꿈꾸기도 한다.

이처럼 어떤 사람에게서 좋은 인상을 받으면 사람들은 그 사람을 인생의 롤 모델로 삼는다. 롤 모델의 모습에서 미래의 자기 모습을 꿈꾸며 롤 모델을 닮고 싶어한다. 누가 시킨 것도 아닌데 롤 모델의 일거수일투

족을 분석해 따라하기도 한다.

나를 보고 강사를 꿈꾸게 된 사람들을 봐도 알 수 있다. 그들은 내가 어떻게 강사가 되었는지, 강사가 되기 위해 어떤 노력을 했는지, 강연을 잘하기 위한 테크닉은 어떻게 계발했는지 궁금해 한다. 롤 모델의 경험은 당연히 꿈을 이루는 데 꼭 필요한 훌륭한 자산이 되기 때문이다. 경험뿐만 아니라 나의 말투, 손짓, 표정까지 닮고 싶어하는 사람들도 적지 않다.

가까이에서 만난 사람만 롤 모델이 되는 것은 아니다. 책이나 텔레비전, 영화를 통해 만난 사람들도 얼마든지 훌륭한 롤 모델이 될 수 있다. 큰아들을 보면 책만큼 간접 경험하는 데 좋은 매개체도 없다는 생각이 든다.

큰아들을 낳았을 때 가정형편이 어려워 아이에게 해줄 수 있는 것이 별로 없었다. 아이가 많은 경험을 할 수 있도록 도와주고 싶었지만 여의치 못했다. 학원을 보낼 수도 없었다. 책이라도 마음껏 읽게 해주고 싶었지만 그마저 쉽지 않아 도서관 근처로 이사하는 방법을 택했다. 그곳에서 올해 서울로 이사 올 때까지 계속 살았는데, 도서관은 우리 아이들에게 재미있는 놀이터이자 간접 경험을 듬뿍 할 수 있는 멋진 배움의 장이었다.

세 아이 중 큰아들이 가장 책을 좋아했는데, 어렸을 때부터 책을 끼고 살면서 다양한 분야를 섭렵했다. 큰아들이 즐겨 읽었던 책 중에는 슈바이처처럼 많은 사람들에게 의술을 베풀면서 산 의사들의 위인전도 많았는데, 그 책들이 큰아들의 꿈에 적지 않은 영향을 미쳤다. 책 속의 훌륭한 의사들을 롤 모델로 현재 큰아들은 의사가 되기를 꿈꾸고 있다.

텔레비전이나 영화도 강력한 간접 경험 매개체다. 요즘 아이들은 대부분 연예인을 꿈꾼다고 한다. 연예인에 대한 인식도 많이 달라졌기도 하지만 그보다는 텔레비전이나 대중매체를 통해 늘 연예인을 접하다 보니 자연스럽게 연예인을 꿈꾸는 경우가 많다.

어떤 경로든 닮고 싶은 롤 모델을 통해 자신의 꿈을 찾는 것은 나쁘지 않다. 다만 롤 모델은 어디까지나 롤 모델일 뿐 자신이 될 수는 없다. 롤 모델의 경험이 내가 꿈을 찾고 이루는 데 도움 되는 것은 확실하지만 롤 모델의 경험을 내게 맞게 수정하고 업그레이드해야 한다. 사람마다 타고난 재능도 다르고 처한 환경도 다르기 때문에 무조건 롤 모델이 했던 그대로 따라하면 좋은 결과를 얻지 못할 가능성이 크다. 큰 틀은 참조하되, 구체적인 내용은 자신에 맞게 수정해야 꿈을 찾기도, 꿈을 이루기도 쉽다.

간접 경험이
시행착오를 줄여준다

스스로 롤 모델을 찾고 롤 모델을 통해 꿈을 찾고 배우는 사람들은 걱정이 없다. 그런데 우리 주변에는 자신이 직접 보고 듣고 경험한 것 외에는 믿지 않으려는 사람들이 생각보다 많다. 사람이 다른 동물과 구별되는 가장 큰 차이 중 하나는 간접 경험만으로도 충분히 학습할 수 있다는 점이다. 다른 동물은 직접 경험하지 않고서는 깨닫거나 학습할 수 없지만 사람은 가능하다. 그럼에도 직접 경험하지 않고서는 아무것도 믿지 않으려는 분들을 볼 때마다 안타깝기 그지없다.

물론 다른 사람의 경험과 내가 직접 경험했을 때의 결과가 다를 수 있다. 가끔 맛있는 음식을 먹고 싶으면 인터넷으로 맛집을 찾곤 한다. 맛집을 찾았던 사람들의 평가를 참조해 신중하게 맛집을 골랐어도 늘 만족스럽지는 않다. 어떤 맛집은 소문대로 맛있지만 어떤 곳은 평가와는 달리 영 실망스럽기도 하다. 그렇지만 또 맛집을 찾을 때면 인터넷을 뒤져 다른 사람의 경험담을 참조한다. 오차가 있을 수는 있지만 일일이 내가 음식점을 찾아다니면서 맛집을 찾는 것보다는 시간과 노력을 덜 들여도 되기 때문이다.

다른 사람의 경험을 신뢰하지 못하고 직접 경험한 것만을 고집하는 것만큼 어리석은 일도 없다. 다른 사람의 경험을 잘 활용하면 굳이 겪지 않아도 될 일이 많다. 사업에 실패하는 사람들의 공통점 중 하나가 남의 말을 듣지 않는다는 것이다.

사업하다 실패한 선배가 있었다. 쇼핑몰을 운영하던 선배였는데, 쇼핑몰은 점포 없이 온라인상으로만 판매하기 때문에 재고 부담이 적고 물건을 보관할 창고도 필요 없을 줄 알았다. 하지만 막상 사업을 시작해

보니 주문 고객에게 빨리 제품을 배송하려면 주문이 오기 전에 미리 제품을 구비하고, 제품을 보관할 공간도 필요했다. 할 수 없이 작은 창고를 임대하고 제품을 미리 구매하자 자금이 바닥났다. 설상가상으로 쇼핑몰을 연 지 반년이 지나도록 이렇다 할 매출이 발생하지 않았다.

반년이면 흑자는 아니더라도 현상 유지할 정도의 매출은 올릴 수 있을 줄 알았는데 낭패였다. 1년이 지나도 상황은 크게 나아지지 않았고, 결국 더 이상 버티지 못하고 쇼핑몰을 닫을 수밖에 없었다.

그런 와중에 선배와 죽마고우였던 친구가 쇼핑몰을 하겠다고 나섰다. 선배 친구도 쇼핑몰을 잘못 이해하고 있었다. 주문이 오면 그때 제품을 주문해 발송하면 되니 재고 부담도 없고, 창고도 필요 없다고 생각했다. 선배는 자신의 경험을 들려주며 그렇게 하면 실패한다며 만류했다. 하지만 친구는 선배와 자신은 다르다며 선배가 비싼 수업료를 치르고 터득한 실패 경험을 귀담아 듣지 않았다. 그 결과 친구도 선배와 똑같은 전철을 밟고 말았다.

다른 사람의 간접 경험에는 시행착오를 최소화할 수 있는 고급 정보가 듬뿍 들어 있다. 마음만 열면 얼마든지 그 귀한 정보를 내 것으로 만들 수 있다.

개인적으로 싫어하는 말 중 하나가 '아프니까 청춘이다'라는 말이다. 2010년에 출간된 이후 지금까지 수많은 청춘들로부터 사랑받은 책의 제목인데, 그 책을 볼 때마다 왜 꼭 청춘은 아파야 하는지 의문이 생긴다. 왜 어른들이 청춘을 아프게 보내야 했는지를 알면 아프지 않게 청춘을 보낼 수 있는 방법을 찾을 수 있다. 어른들의 경험을 주의 깊게 살피지 않아 어른들이 겪었던 똑같은 시행착오를 겪으면서 아파하는 것은 그리 좋아 보이지 않는다.

간접 경험을 충분히 활용해 굳이 겪지 않아도 될 아픔을 피하고, 대신 새로운 꿈에 도전하면서 어른들은 경험하지 못한 새로운 경험을 하는 것이 현명하지 않을까.

좋아하는 것과
잘하는 것

〈K-POP 스타 시즌 3〉에서 유난히 안타까움을 자아내는 참가자가 있었다. 어렸을 때 트로트 신동으로 스타킹에 출연했을 정도로 트로트에 재능을 가진 소녀 홍정희 양이 그 주인공이다.

트로트를 불러 유명세를 얻고 방송에도 많이 출연했지만 정작 홍정희 양은 트로트가 싫어 가출까지 했다. 홍정희 양은 트로트 가수가 아닌 발라드 가수를 꿈꾸었다. 발라드 가수가 되기 위해 오랫동안 익숙해진 트로트 창법을 버리기 위해 고생도 많이 했다.

열심히 노력한 덕분에 트로트 창법의 흔적은 많이 없어졌지만 발라드를 부르는 홍정희 양은 크게 주목받지 못했다. 못 부르는 것은 아니지만 워낙 기라성 같은 다른 참가자들을 능가할 수 있는 특별함이 없었다. 그런 그녀에게 한 심사위원이 트로트를 듣고 싶다고 청했다. 트로트가 싫어 가출까지 했던 그녀에게 트로트를 불러보라는 것이 어찌 보면 잔인한 일일 수도 있지만 트로트를 부르는 홍정희 양은 특별했다. 자기가 좋아하는 발라드를 불렀을 때보다 훨씬 빛난다.

홍정희 양을 보면서 문득 혼란스러워졌다. 분명 꿈은 자신이 좋아하는 것에서 찾아야 한다. 하지만 홍정희 양을 보면서 꿈을 이루려면 좋아하는 것 못지않게 잘하는 것도 중요하다는 생각이 들었기 때문이다.

좋아하면서
잘할 수 있는 것이 최선

〈K-POP 스타 시즌 3〉에 참가했던 홍정희 양은 top 10을 결정하는 예선전에서 결국 탈락했다. 그녀가 얼마나 간절하게 트로트 가수 대신 발라드 가수를 꿈꾸었는지를 아는 사람들은 그녀의 탈락에 가슴 아파했다. 그러면서 자신이 잘할 수 있는 트로트를 좋아하지 못한 그녀가 안타깝기도 했다. 만약 그녀가 트로트 가수를 꿈꾸었다면 이미 그녀는 꿈을 이루고도 남았을 지도 모른다.

좋아하는 것과 잘하는 것이 일치하면 그것만큼 좋은 것이 없다. 여기서 잘하는 것은 다른 말로 표현하면 '재능'이다. 재능도 꿈을 찾고 이루는 반드시 고려해야 할 중요한 요소다. 재능이 있으면 그만큼 꿈을 이루기가 쉽다.

노래 잘하는 아이돌 가수로 유명한 아이유는 중학교 때까지만 해도 자신에게 노래를 잘하는 재능이 있다고는 생각하지 못했다고 한다. 노래를 좋아하고 다른 아이들보다 노래를 잘하기도 했지만 가수가 될 수 있을 정도로 뛰어난 재능이 있는 줄은 그녀도, 그녀 주변에 있던 사람들도 몰랐다.

그러다 우연한 기회에 아이유는 자신의 재능을 확인했다.

중학교 체육시간에 그녀는 친구와 떠들다 선생님께 벌을 받았다. 벌을 받을 때만큼은 자중했어야 하는데, 벌을 받으면서도 수다를 떨자 화가 난 선생님은 아이들 앞에서 노래를 부르라고 시켰다. 장기자랑을 하는 것이 아니라 벌로 노래를 부르는 것이어서 창피할 법도 하건만 그녀는 신나게 노래를 불렀다. 당황한 선생님은 그녀를 교무실로 데려가 또 노래를 시켰고, 이번에도 그녀는 천연덕스럽게 노래를 불렀다.

다른 사람들 앞에서도 곧잘 노래를 부르는 그녀를 보면서 선생님은 체육대회 때 전교생 앞에서 노래 부를 수 있도록 했고, 그때 그녀는 자신이 무대에서 노래를 부르는 데 재능이 있음을 깨달았다. 노래를 부르기 전에는 가슴이 뛰고 다리가 후들거렸지만 무대 위에 오르자 거짓말처럼 마음이 편안해졌다. 자신을 쳐다보는 전교생의 눈동자를 보면서 왠지 모를 짜릿함을 느끼기도 했다. 이후 그녀는 본격적으로 가수를 꿈꾸기 시작했고, 많은 사람들로부터 사랑받는 가창력 있는 가수가 되었다.

그녀는 행복한 경우에 속한다. 그녀처럼 좋아하는 것과 잘하는 것이 일치하면 아무 걱정이 없다. 좋아하는 것과 타고난 재능이 일치하는 것은 축복이나 다름없다.

문제는 홍정희 양처럼 좋아하는 것과 잘하는 것이 다를 때다. 우리나라 부모들이 아이들의 꿈을 잘 받아들이지 못하는 이유 중 하나가 아이들은 좋아하는 것에서 꿈을 찾고, 부모들은 좋아하는 것보다는 잘하는 것을 찾아주려고 하기 때문이다. 잘하는 것을 할 때 성공할 확률이 높다보니 자식이 성공하기를 바라는 부모라면 잘하는 것을 더 중시하는 것은 당연하기도 하다.

하지만 성공했다고 다 행복한 것은 아니다. 좋아하는 것을 무시하고 잘하는 것을 선택하면 성공할 가능성은 클지 몰라도 그렇게 이룬 성공이 꼭 행복한 성공이라고 말하기는 어렵다. 좋아하면서 잘할 수 있는 꿈을 꿀 때만이 행복한 성공을 거둘 수 있다.

결국 노력이 재능을 이긴다

〈K-POP 스타〉를 비롯한 각종 오디션 프로그램을 보다 보면 심사위원들이 가끔씩 하는 말이 있다. 노래를 부르든 연기를 하든 타고난 재능을 무시할 수 없다는 말이다. 실제로 타고난 재능을 지닌 사람들은 뭐가 달라도 다르긴 하다. 기타를 배운 지 고작 1년 반밖에 되지 않았는데도 천부적인 재능으로 10년 기타를 친 사람보다 멋지게 기타를 연주하는 사람도 있고, 타고난 리듬감각으로 목소리를 자유자재로 조절하며 맛있게 노래 부르는 사람도 있다.

나도 특별한 재능이 없는 사람이어서 재능을 타고난 사람들을 보면 부럽다. 또한 가끔은 불공평하다는 생각이 들기도 한다. 재능이 없는 사람은 오랜 시간을 투자해 열심히 노력해도 하지 못하는 것을 재능이 있는 사람이 크게 노력하지 않고도 금방 해내는 것을 볼 때는 더 씁쓸하다.

재능이 얼마나 무서운가를 보여주는 대표적인 예가 모차르트와 살리에리다. 모차르트의 생애를 다룬 영화 〈아마데우스〉에서 살리에리는 모차르트의 천부적인 재능을 질투하는 인물로 나온다. 자신이 심혈을 기울여 작곡했는데도 그 악보를 보면서 바로 더 멋지게 편곡하는 모차르트를 보면서 살리에리는 깊은 절망감을 느끼곤 한다. 아무리 노력해도 모차르트를 넘어설 수 없다는 것을 확인하고 자신의 부족한 재능을 한탄한다.

모차르트와 살리에리를 보면 재능이 없는 사람은 재능이 있는 사람을 이길 수 없다고 생각할 수 있다. 하지만 재능은 노력을 이기지 못한다. 재능이 없어도 많은 시간을 투자해 노력하면 재능을 타고난 사람 못지 않게 잘할 수 있다. 내가 그 증거다.

나는 춤에 특별한 재능이 없었어도 남들보다 두 배, 세 배 지독하게 노력해 주목받는 춤꾼이 될 수 있었다. 아이큐도 그리 좋지 않아 머리 좋은 사람은 한 번 보면 이해할 것을 몇 번씩 반복해 보아야만 했다. 그래도 몰입해 공부한 덕분에 별로 좋지 않은 머리로 단시간에 공무원시험에 합격할 수 있었다. 강연하는 능력도 타고난 것이 아니었다. 강연을 잘하기 위해 끊임없이 연구하고 거울을 보며 연습하면서 명강사로 인정받을 수 있었다.

재능만으로는 결코 노력을 이길 수 없다는 것을 잘 알기에 가끔 큰아들이 걱정스러울 때가 있다. 큰아들은 나에 비하면 갖고 있는 재능이 많다. 하지만 타고난 재능도 갈고 닦지 않으면 빛이 나지 않는다. 뛰어난 재능을 갖고 있음에도 아무런 노력도 하지 않아 재능을 제대로 발휘도 못 해본 사람들이 수도 없이 많다.

큰아들이 아무런 노력을 하지 않는 것은 아니다. 큰아들은 성실하고 꾸준한 편이다. 하지만 큰아들이 갖고 있는 재능 이상을 발휘할 만큼 노력하는 모습은 지금껏 많이 보지 못했다.

그런 아들이 걱정스러워 진지하게 이야기한 적이 있다.

"너는 탁월한 재능을 갖고 있지만 그 재능을 몇 배로 키우는 걸 아빠는 보지 못했어. 하지만 아빠는 타고난 재능은 50인데, 가끔 100을 발휘할 때가 있어."

100의 재능을 가진 사람이 100을 발휘하는 것은 그리 자랑할 만한 일이 아니다. 반면에 나처럼 재능이 50밖에 안 되는데 열심히 노력해 100을 발휘했다면 그것은 충분히 자랑할 만한 일이다. 타고난 재능의 크기보다는 노력이 중요하다. 재능이 있다고 안심하지도 말고, 재능이 없다고 실망할 필요도 없다. 재능이 있든 없든 결국 꿈을 이루도록 돕는 것은 노력이기 때문이다.

꿈의 로드맵은
변해야 정상이다

20대 초반 치열하게 어떤 꿈을 꾸면서 살 것인가를 고민했고, 20대에서 80대까지 꿀 나만의 꿈의 로드맵을 만들 수 있었다. 지금 나는 세 번째 40대 강사의 꿈을 꾸기 시작해 절반 정도 달려온 상태다. 10년마다 새로운 꿈을 꾸는 나를 보면 사람들은 대부분 50대 이후의 꿈을 궁금해한다. 언제든 바로 대답하기는 어렵지 않다. 다만 5년 전의 대답, 1년 전의 대답, 어제의 대답이 다를 수 있다.

2009년 3월 공무원을 그만두고 40대 강사의 꿈을 시작한 지 3년이 조금 넘었을 즈음, 인터넷의 자기계발 카페에서 인터뷰를 한 적이 있다. 80대까지 일곱 번 직업을 바꾸며 새로운 꿈을 꾸는 꿈을 꾸는 내가 신기했는지, 〈주호랑의 토크유〉라는 코너에 나를 소개하고 싶다고 했다. 그때도 50대 이후에는 어떤 꿈을 꿀 것인지를 물었다.

그때의 인터뷰 동영상을 본 사람들이라면 그때와 지금의 내 대답이 달라 의아해할 수도 있을 것이다. 그때의 대답과 지금의 대답 모두 내게는 진실이다. 그때는 그때의 로드맵대로 이야기한 것이고, 지금은 지금의 로드맵을 그대로 말한 것뿐이다. 로드맵이 변한 것일 뿐 내가 거짓말을 한 것이 아니다.

꿈은
진화한다

〈주호랑의 토크유〉에 소개된 것은 2012년의 일이다. 40대까지의 꿈은 그때나 지금이나 변함없다. 이미 지나간 과거이니 달라질 것도 없다. 하지만 50대 이후의 꿈은 조금 달라졌다. 그때는 50대 10년은 강사업계에서 SM엔터테인먼트와 같은 회사를 설립해 전문 강사를 배출하고 지원하며 살고 싶다고 했다.

나는 강사라는 직업에 행복하고, 이 직업을 사랑한다. 사람들과 생각을 공유하고 사람들이 지금보다 더 좋은 모습으로 변화, 발전할 수 있도록 돕는 이 일이 좋다.

그렇지만 강사는 어찌 보면 연예인과 똑같은 직업이다. 우리가 아는 소수의 유명 강사들은 부와 명예를 누리지만 대다수 강사들은 불안정하다. 연예인들이 출연 의뢰를 받지 못하면 그날로 백수로 전락하는 것처럼 강사들도 강연 의뢰가 끊어지면 생계를 유지하는 것조차 버거운 경우가 많다. 나 또한 공무원을 그만두고 강사로 새 출발했던 초기에는 말 못 할 어려움을 많이 겪었다. 시행착오를 줄이기 위해 강사를 시작하기 전에 나름 철저하게 준비했는데도 강사로 자리 잡는 과정이 순탄하지 않았다. 그래서 더더욱 강사들이 안정적으로 일할 수 있도록 지원하는 회사를 만들고 싶었다.

강사들을 체계적으로 관리하고 지원할 수 있는 회사를 만들겠다는 마음은 지금도 변함이 없다. 하지만 50대의 내 꿈은 달라졌다. 지금은 50대 10년을 창업과 경영을 도와주는 '성공 큐레이터'로 살겠다는 꿈을 꾸고 있다.

성공 큐레이터는 창업, 경영 전문 컨설턴트와 비슷하다. 다만 컨설턴트의 경우 컨설턴트가 주가 되어 적극적으로 문제를 해결하고 사업자를 앞에서 끌어가는 역할을 한다면 큐레이터는 사업자가 스스로 문제를 풀어갈 수 있도록 뒤에서 도와준다는 점에서 큰 차이가 있다. 사업은 결국 사업자가 주인이 되어야 하므로 컨설턴트보다는 큐레이터로 이름을 붙였다. 아직 성공 큐레이터라는 직업은 없지만 새로운 직업군으로 발전시키고 싶다.

성공 큐레이터를 꿈꾸게 만든 사람들이 있다. 그동안 강의와 강연을 통해 연을 맺은 사람들의 연령층은 20대뿐만 아니라 30대, 40대, 50대

심지어 60대 이상의 어른들까지 다양하다. 나이 많은 부류 중에는 창업하고 싶어하는 사람들이 많다. 젊은 친구들 중에서도 회사에 취직하기보다 일찌감치 자기 사업을 하고 싶어하는 경우가 꽤 있다. 이미 사업을 시작했지만 뜻대로 풀리지 않아 고군분투하는 사람들도 적지 않다.

그들의 고민을 함께 나누다 보니 심적으로 위로하는 차원을 넘어 좀더 실질적인 도움을 주고 싶은 마음이 생겼다. 창업이나 경영에 필요한 정보도 제공하고 앞으로 가야 할 방향도 함께 고민해주는 역할을 하고 싶어 꿈의 로드맵을 수정했다.

꿈의 로드맵을 수정하기는 했지만 50대 때 강사를 지원하는 회사를 만들겠다는 꿈을 포기한 것은 아니다. 사실 그 꿈은 벌써 현재진행형이다.

공무원을 그만두기 전에 강사가 되기 위한 준비도 열심히 했고, 운도 따라주어 예상보다 일찍 유명 강사로 자리 잡을 수 있었다. 강사를 시작한 지 2년도 채 안 된 2011년에는 인재육성 전문지인 《HRD》가 선정한 '대한민국 HRD 명강사' 대상을 수상했고, 이듬해에는 《인재경영》에서 주관하는 '2012 기업교육 명강사 30인'에 선정되기도 했다. 명예만 얻은 것이 아니라 실질적인 소득도 많이 늘었다.

강사는 강연 평가를 먹고 산다. 강연을 듣고 난 사람들의 반응이 좋지 않으면 다음 강연을 할 수가 없다. 다행히 내 강연에 대한 평가는 거의 대부분 최고점을 받았고, 덕분에 지속적으로 강연 의뢰가 들어오고 나를 찾는 조직이나 기관이 점점 많아지고 있다. 10년에 걸쳐 이루려고 했던 꿈을 5년도 채 안 되어 이룬 셈이다.

꿈을 빨리 이루니 여유가 생겼다. 그래서 2013년 11월 조용히 법인을 설립했다. 아직은 시작 단계지만 앞으로 강사들을 체계적으로 지원할 수 있는 시스템을 갖춘 법인으로 성장시킬 계획이다. 물론 쉽지 않다. 시작한 지 얼마 되지 않았는데도 여기저기 삐걱거리는 소리가 들린다. 다 과정이라고 생각한다. 한 단계씩 고비를 넘길 때마다 나도, 회사도 성장하리라고 믿는다.

앞으로 어떤 변수가 생길지 모르지만 지금 내 생각대로 40대가 다 지나가기 전에 법인이 자리 잡는다면 50대에 꿀 새로운 꿈이 필요하다. 처음 그렸던 꿈의 로드맵대로 50대까지 회사를 계속 성장시키기만 해도 좋지만 꿈을 좀더 발전시키고 싶었다. 그런 마음이 50대 꿈을 전문 컨설턴트로 수정하게끔 만들었다.

꿈은 진화한다. 보고, 듣고, 경험한 것이 많을수록 예전에는 생각하지도 못했던 꿈을 꾸게 된다. 내가 창업을 꿈꾸고 경영에 어려움을 겪는 사람들을 만나지 못하고, 나 또한 법인을 설립해 좌충우돌하는 경험을 하지 않았다면 창업, 경영을 돕는 전문 컨설턴트가 될 생각을 미처 하지 못했을 것이다. 더 넓은 세상을 경험하면서 새로운 꿈이 생겼는데 굳이 예전에 만든 꿈의 로드맵을 고수할 이유는 없다.

꿈의 로드맵은
족쇄가 아닌 내비게이터

20대 젊은 친구들에게 80, 90세까지의 꿈의 로드맵을 그려보라고 하면 난감해 하는 경우가 많다. 20대의 가장 큰 고민은 '취업'이다. 당장 눈앞에 닥친 취업 문제를 해결하느라 다른 세상을 보고 돌아볼 여유조차 없다. 그런 상황에서 멀리 80, 90세를 내다보고 다양한 꿈을 찾기란 쉬운 일이 아니다. 그나마 20대, 30대, 좀더 나아가 40대까지는 그림이 그려지는데, 50대 이후부터는 어떤 그림을 그려야 할지 막막하다고 한다. 20대뿐만 아니라 30대, 40대, 50대도 사정은 별반 다르지 않다.

어렵게 생각할 필요가 없다. 꿈의 로드맵을 그릴 당시의 수준에서 하고 싶은 것을 자유롭게 꿈꾸면 된다. 일단 완성하고 시간이 지나 더 좋은 꿈, 더 간절한 꿈이 생기면 얼마든지 수정할 수 있다. 내 경우 50대의 꿈뿐만 아니라 60대, 70대, 80대의 꿈도 달라졌다. 달라진 꿈들 중에는 오래 전부터 관심이 있었지만 꿈으로까지 발전시키지 못했던 것도 있고, 예전에는 몰랐는데 알고 난 후 자주 생각나고 하고 싶은 마음이 들어 꿈으로 만든 것도 있다.

물론 꿈은 신중해야 한다. 어떤 사람은 '이룰 수 없기 때문에 꿈'이라고도 말하지만 상상 속에서나 가능한 꿈은 허망하다. 삶을 행복하게 만들고 발전적으로 변화시키는 데는 큰 도움이 안 된다. 따라서 신중하게 현실적으로 가능한 꿈인지를 고민하고 꿈을 결정하고, 그 꿈을 이루기 위해 최선을 다해야 한다. 깊게 생각하지 않고 충동적으로 순간의 감정에 휩쓸려 꿈의 로드맵을 수정해서는 안 된다.

그럼에도 여전히 꿈의 로드맵은 족쇄가 되어서는 안 된다. 꿈의 로드맵은 내 인생을 어느 방향으로 끌고 갈지를 정하고, 매일 매일 어디만큼 왔는지, 잘 가고 있는지를 확인하게 해주는 내비게이터다.

내비게이터를 보면서 운전을 하다 보면 목적지로 가는 길이 한 가지가 아니라는 것을 알 수 있다. 목적지로 가는 최적의 경로는 있지만 막히면 다른 길로 돌아갈 수도 있고, 때로는 길을 잘못 들어도 곧 올바른 방향으로 길을 잡아 안내한다.

꿈으로 가는 길도 마찬가지다. 꿈의 로드맵을 그릴 때 나름대로 꿈을 이룰 수 있는 가장 좋은 방법을 그려놓았겠지만 인생에는 변수가 많다. 가다 보니 예상하지 못했던 큰 바위가 있을 수도 있고, 당연히 있어야 할 길이 없어졌을 수도 있다. 그런데도 한번 정해놓은 길만 고집하는 것만큼 어리석은 일도 없다. 당연히 로드맵을 수정해야 한다.

때로는 목적지 자체를 바꿀 수도 있다. 동남아여행을 계획했을 때 하필이면 가고 싶은 나라에서 테러가 일어나 치안이 불안한데 위험을 무릅쓰고 예정대로 여행을 떠나는 사람이 있을까? 좀더 안전하고 좋은 여행지로 목적지를 바꾸는 것이 현명하다.

내비게이터도 진화해야 한다. 종종 내비게이터를 업그레이드하지 않아 새로 나온 길을 잡지 못하거나 없어진 길로 안내해 낭패를 본 경험이 있을 것이다. 나도 변화, 발전하고, 세상도 빠르게 변하는데 꿈의 로드맵만 그대로라면 업그레이드하지 못한 내비게이터처럼 엉뚱한 방향으로 꿈을 안내할 수도 있다. 꿈의 로드맵이 제대로 인생의 내비게이터 역할을 할 수 있으려면 부지런히 시대의 흐름과 변화를 읽고 그에 맞게 로드맵을 수정하는 것이 좋다.

꿈의 로드맵이 선명해야
기회도 많다

　　사람들에게 내 꿈을 이야기하면 "꼭 그렇게 죽을 때까지 어떤 꿈을 꾸어야 할지 미리 정해놓아야 하나요?"라고 묻곤 한다. 사실 수십 년 이상 꿀 꿈을 미리 정해놓는 것은 쉬운 일이 아니다. 현실감도 떨어진다. 당장 5년 후, 10년 후에 무엇을 하며 살지도 불분명한데 30년, 40년 후까지 내다보며 꿈을 꾸는 것은 실감이 나지 않을 수 있다.

　　수십 년을 내다보며 막연하게 꿈을 꾸는 것도 힘든데 언제, 어떤 꿈을 꿀 것인지 선명하게 꿈의 로드맵을 그리는 것은 더더욱 어려운 일이다. 더구나 살다 보면 꿈이 바뀔 수도 있다. 열심히 꿈의 로드맵을 만들었어도 살다 보면 우연히 더 간절한 꿈을 만나기도 하고, 시대가 바뀌어 예전에 설계했던 꿈이 현실적으로 무의미해지거나 이루기 힘든 꿈으로 바뀌기도 한다.

그럼에도 불구하고 꿈의 로드맵은 선명하게 그리는 것이 좋다. 꿈의 로드맵이 선명해야 주변을 기웃거리지 않고 꿈에 몰입할 수 있고, 무엇보다 꿈을 이룰 수 있는 기회를 많이 얻을 수 있기 때문이다.

로드맵이 선명해야
기회를 놓치지 않는다

공무원으로 일한 지 3년이 채 안 된 어느 날, 총무과장님이 호출했다. 2002년 월드컵으로 대한민국이 뜨거울 때였다.

"정부에서 월드컵조직위원회에서 일할 사람을 각 기관에서 한 명씩 뽑아 보내라는데, 우리 교육청에서는 자네를 보내고 싶네. 어떤가?"

그 말을 듣자마자 1초도 망설이지 않고 가겠다고 대답했다. 월드컵조직위원회로 차출되어 간다는 것은 분명 영예로운 일이었다. 각 기관을 대표하기에 웬만큼 일을 잘하지 않으면 뽑힐 수 없는 자리였다. 그것도 입사한 지 3년도 채 안 되는 햇병아리 공무원에게 돌아올 수 있는 기회는 아니었다.

하지만 달리 생각하면 반가운 일도 아니다. 그동안 엑셀을 이용해 업무를 효율화시켜 놓은 덕분에 처음보다 업무 부담이 한결 덜했다. 계속하던 대로 맡은 업무만 하면 크게 힘들이지 않고 편안하게 일할 수 있는

데 그곳에 가면 고생할 것이 뻔했다. 말이 파견이지 직장일과 월드컵조직위원회 일을 동시에 진행해야 하는 상황이었다. 어찌 보면 사서 고생하는 격이라 생각할 수도 있었다.

만약 내가 공무원으로 편안하게 살기를 꿈꾸었다면 거절했을지도 모른다. 내 꿈은 그냥 공무원이 아니라 일 잘하는 최고의 공무원이 되는 것이었다. 그래서 올림픽조직위원회는 내게 새로운 일을 해 인정받을 수 있는 좋은 기회였다.

사내 강사 일도 그렇다. 워낙 엑셀을 잘 쓰다 보니까 같은 공무원을 대상으로 강의 요청이 많이 들어왔다. 소정의 강의료를 받고 하는 것이었지만 40대에 강사가 되겠다는 꿈의 로드맵이 없었다면 그 일이 귀찮았을 수도 있다. 선명한 꿈의 로드맵이 있었기에 사내 강의는 나를 힘들게 하는 스트레스가 아니라 내 꿈을 이룰 기회임을 알아차리고 기꺼이 할 수 있었던 것이다.

기회는 아무에게나 찾아오지 않는다. 기회의 여신 오카시오의 모습은 다소 충격적이다. 앞머리는 머리숱이 무성한데 뒷머리는 대머리일 뿐만 아니라 발에는 날개가 달려 있다. 왜 이런 이상한 모습일까? 다 이유가 있다. 앞머리가 무성한 것은 사람들이 기회를 쉽게 붙잡을 수 있게 하기 위해서고, 뒷머리가 대머리인 이유는 기회가 지나가면 사람들이 다시는 붙잡지 못하게 하기 위해서다. 발에 날개가 달린 것은 최대한 빨리 사라지게 하기 위해서다.

기회의 여신의 모습을 보면 기회는 왔을 때 빨리 알아차리고 붙잡아야 한다는 것을 알 수 있다. 왔을 때 잡기는 쉽지만 미처 모르고 놓치면 다시는 잡을 수 없음을 기회의 여신은 온몸으로 알려준다.

기회를 알아차리고 재빨리 붙잡을 수 있도록 도와주는 것이 로드맵이다. 지금 이 순간에도 수없이 많은 기회가 스쳐 지나가고 있을지도 모른다. 로드맵이 없으면 그 기회를 알아차리지도 못하고 아깝게 놓치고 만다. 그래서 설령 나중에 변한다 하더라도 미리 꿈의 로드맵을 설계할 필요가 있다.

로드맵이 선명하면
꿈을 빨리 이룬다

로드맵이 선명하지 않으면 기회를 놓칠 수도 있지만 반대로 지나가는 모든 것을 기회로 착각할 수도 있다. 로드맵이 구체적이고 명확하지 않으면 자꾸 다른 사람을 보게 된다. 예를 들어 안정적인 직장에 취업하는 다소 막연한 꿈을 꾸는 사람은 어떤 것이 진짜 기회인지 알 수가 없다. 주변 사람들이 꿈을 이루어가는 모습을 보면서 헷갈려 한다. 친구가 공무원시험에 합격하면 공무원시험을 기회로 생각하고, 누군가가 관공서에 들어가면 관련 시험 준비에 돌입한다.

물론 기회는 많으면 많을수록 좋다. 수많은 기회들 중 가장 좋은, 가장 꿈을 이루는 데 도움 되는 기회를 선택해 잡을 수 있으면 그것만큼 좋은 일도 없다. 하지만 어떤 기회가 진짜 좋은 기회인지를 몰라 이 기회 잡았다가 저 기회를 잡았다가를 반복한다면 이야기는 달라진다. 기회는 어디까지나 기회일 뿐이다. 기회를 잡아 좋은 결과를 이끌어내려면 제대로 기회를 잡아 그 기회를 충분히 살릴 수 있도록 노력해야 한다. 노력도 하지 않고 이 기회, 저 기회 기웃거리기만 해서는 꿈을 이루기 어렵다.

기회에도 선택과 집중의 법칙이 적용된다. 취업할 때도 가능한 한 꼭 들어가고 싶은 기업을 정해놓고 집중적으로 준비하는 것이 좋다. 그것이 어렵다면 적어도 자신이 어떤 분야에서 일하고 싶은지를 정해놓고, 그 분야에서 필요로 하는 능력을 갖추어야 승산이 있다. 여러 기회를 한꺼번에 잡고 있을 때보다 한 가지 기회만 붙잡고 전력으로 질주했을 때 꿈을 더 빨리 이룰 수 있음은 당연하다.

큰 판이 아니어도
무지개 꿈을 꿀 수 있다

나는 내 꿈을 다른 사람들과 공유하는 것을 좋아한다. 그러면서도 한편으로는 걱정스럽다. 10년마다 직업을 바꾸는 내 꿈을 오해하는 사람들이 있기 때문이다. 기업이나 기관에서 강연하면 가끔 임원들이 농담 반 진담반으로 이런 말을 한다.

"정 대표 강의 듣고 직원들이 다 그만둘까 봐 걱정이야."

내 꿈 이야기를 잘못 들으면 그렇게 오해할 수 있다. 평균 수명이 대폭 늘어났기 때문에 얼마든지 빨, 주, 노, 초, 파, 남, 보, 다채로운 꿈을 꿀 시간은 충분하다. 그렇지만 다양한 꿈을 꾸는 것이 반드시 나처럼 직업을 바꾸어야만 가능한 것은 아니다. 수십 년 동안 같은 일을 하면서도, 굳이 직장을 바꾸지 않고도 얼마든지 새로운 꿈을 꿀 수 있다.

'지금'을 새로 짜면
새로운 꿈이 생긴다

대부분의 직장인들은 회사가 마음에 들지 않으면 회사를 떠날 궁리만 한다. 그 회사를 떠나면 자신을 불행하게 했던 모든 문제가 해결되고, 행복이 시작되리라고 믿는다. 하지만 막상 지긋지긋했던 회사를 그만두고 원하는 직장에 들어가도 상황은 크게 달라지지 않는다.

처음 얼마 동안은 드디어 원하는 직장에서 일하게 되었다는 기쁨에 행복하게 회사를 다니지만 곧 또 다른 불만이 생긴다. 전에 있던 직장은 부장이 진상이더니 이번 회사에는 바로 팀장이 꼴통이다. 바로 위 상사가 사사건건 트집을 잡아 스트레스는 더 커졌다. 연봉도 생각보다 많지 않다. 연봉 자체는 많지만 복지가 약해 전 회사와 별 차이가 나지 않는다. 결국 두 번째 직장도 얼마 다니지 못하고 또 다시 다른 직장에 옮길 기회를 엿본다.

우리가 흔히 볼 수 있는 직장인들의 모습이다. 목구멍이 포도청이라 처음부터 원하지도 않는 직장을 억지로 들어갔다면 그러려니 할 수 있다. 하지만 원하던 직장, 원하는 일을 하는 직장인들도 비슷하다. 시간이 지날수록 자신이 원했던 일이었다는 것을 잊고 좀더 즐겁고 재미있는 일을 하며 살고 싶다는 꿈을 꾼다.

더 이상 일이 즐겁지 않다면, 더 이상 일이 나를 가슴 설레게 하지 않는다면 새로운 꿈을 꾸어야 한다. 다만 직장에 불만이 있을 때 직장을 옮기는 게 능사가 아니듯이 꿈도 반드시 환경을 바꾸어야만 새로운 꿈을 꿀 수 있는 것은 아니다. 같은 자리에서도 판을 새로 짜면 그동안 불평불편을 늘어놓느라 미처 보지 못했던 새로운 꿈을 볼 수 있다.

요즘 교사 임용고시는 웬만한 국가고시보다도 경쟁률이 높다. 그 엄청난 경쟁률을 뚫고 어렸을 때부터 꿈꾸었던 교사가 되었는데 생각만큼 행복하지 않아 고민에 빠졌던 선생님이 있다.

학교는 밖에서 상상했던 모습과는 많이 달랐다. 교사가 되면 학생들과 재미있게 수업을 할 수 있을 줄 알았다. 자신이 학생들을 좋아하는 만큼 학생들도 자신을 좋아하고 따를 것이라고 생각했다. 하지만 기대와는 달리 수업시간에는 수업을 듣는 아이보다 졸거나 딴짓을 하는 아이들이 더 많았다. 심지어 노골적으로 엎드려 자는 아이들도 있었다.

처음에는 수업시간에 자는 아이들을 깨워 수업에 참여시키는 것이 교사의 당연한 일이라고 생각했지만 곧 의욕을 잃었다. 깨워도 그때만 잠시 눈을 떴다 다시 자고, 자는 아이가 한두 명도 아니었다. 1교시나 점심 직후 수업시간은 절반 이상이 졸거나 자, 그 많은 아이를 깨우다 보면 수업을 진행할 수가 없었다. 그러다 보니 수업하는 게 점점 재미없어졌고 아이들도 싫어졌다.

그렇게 몇 년 쯤 지나자 교사와 자신은 맞지 않는다는 생각까지 들었다.

그때부터 여러가지 생각이 들었다. 교사를 하면서 행복할 수 없다면 하루라도 빨리 다른 일을 찾는 것이 좋을 것 같았다. 새로운 꿈을 찾고 싶다는 마음이 들자 학교생활은 더 불행해졌다. 아이들은 더 싫어졌고, 수업에 들어가 교감 없는 수업을 일방적으로 하기는 더 곤욕스러웠다.

그러던 중 우연한 기회에 내 강연을 듣고 용기를 냈다. 10년마다 직업을 바꾸며 사는 내 삶이 큰 자극이 되었다며 도움을 청해왔다. 내 삶이 다른 누군가에게 자극제가 된다는 것은 좋은 일이다. 그럼에도 교사를 포기하고 다른 꿈을 찾겠다는 생각에 선뜻 동의할 수 없었다. 애초부터 교사를 꿈꾼 것이 잘못되었다고 생각하기에는 아쉬운 점이 너무 많았다.

"새로운 꿈을 꼭 선생님을 그만두어야만 찾을 수 있는 건 아닙니다. 교직에 있으면서도 얼마든지 가능해요."

막연히 꿈꾸면서 기대했던 것과 현실은 다를 수 있다. 그렇다고 꿈을 아예 접는 것은 바람직하지 않다. 우선 다른 현실을 인정하고, 그 속에서 방법을 찾는 것이 먼저다. 찾아보면 분명 길이 있다. 수업시간에 아이들이 자는 것은 아이들만의 잘못만은 아닐 수 있다.

실제로 그 선생님은 교사를 그만두기 전에 후회가 남지 않도록 마지막 최선을 다한다는 심정으로 수업 방식을 바꾸었다. 일방적으로 지식을 전달하는 강의식 수업 대신 학생들에게 질문을 많이 하는 토론식 수업을 했고, 수업이 지루해지면 재미있는 이야기로 분위기를 전환했다.

결과는 놀라웠다. 학생들의 수업 참여도가 몰라보게 좋아졌다. 자는 아이들이 대폭 줄고, 선생님과 학생들이 서로 눈을 마주치며 소통했다. 그러면서 학생들과 선생님 모두 즐겁게 수업할 수 있었고, 자연스럽게 관계도 친밀해졌다.

지금 그 선생님은 새로운 꿈을 꾸고 있다. 상담교사 역할을 함께하고 싶다고 한다. 학생들과의 관계가 좋아지면서 좀더 깊이 소통하면서 학생들이 의외로 고민을 털어놓고 상담할 상대가 없어 외로워한다는 것을 알게 되었다. 그 아이들이 편하게 마음을 털어놓을 수 있는 선생님이 되기 위해 상담 공부를 시작했다고 한다.

이 사례처럼 새로운 꿈은 꼭 큰 판을 바꿀 때만 가능한 것이 아니다. 현재의 판에서 조금만 판을 짜도 새로운 기분으로 가슴 설레며 일을 할 수 있다.

현재의 판에서 새로운 꿈을 찾는 방법은 다양하다. 평사원에서 대리, 과장, 부장으로 승진하는 것도 새로운 꿈이 될 수 있다. 자리가 달라지면 하는 역할도 달라지고 요구되는 능력도 달라지기 때문에 많은 부분이 새로워진다. 업무를 바꿔보는 것도 좋은 방법이다. 같은 직장에 정년까지 근무하면서 가능한 한 많은 부서의 업무를 경험하고 터득하겠다는 꿈을 꾸는 것도 나쁘지 않다. 큰판을 바꾸거나 현재의 작은 판을 바꾸거나 다시 가슴을 뛰게 하는 효과는 비슷하다.

판을 바꾸려면
머리와 가슴으로 뛰어라

직업을 바꾸지 않고 새로운 꿈을 꾸면 여러 가지로 안정적이다. 큰 판을 바꾸려면 불가피하게 감수해야 하는 부분이 있는데, 큰 판은 그대로 두고 작은 판만 바꾸면 위험 부담이 적다. 하지만 작은 판을 바꾸는 것만으로는 새로운 꿈을 찾지 못할 수도 있다. 그럴 때는 선택의 여지가 없다. 아무리 노력해도 방법이 보이지 않는다면 행복하지 않더라도 참고 인내하든지, 과감하게 새로운 큰 판을 바꿔야 한다.

큰 판을 바꾸려면 신중해야 한다. 가슴이 뛰는 것만으로는 부족하다. 성공적으로 큰판을 바꾸려면 머리도 함께 꾸는 꿈을 꾸어야 한다. 가슴은 뛰는데 머리는 뛰지 않는다면 새로운 꿈을 이룰 방법을 찾지 못해 실패할 가능성이 크고, 반대로 머리는 뛰는데 가슴이 뛰지 않는다면 꿈을 이루는 길이 즐겁지 않다.

가슴과 머리가 함께 뛰는 꿈을 찾지 못했다면 찾을 때까지 현재의 판을 유지하는 것이 좋다. 그 상태에서 퇴근 후나 주말을 이용해 평소 하고 싶었던 일을 해볼 것을 권한다. 커피에 관심이 많았다면 바리스타 과정에 도전해보는 것도 좋고, 주말농장을 하면서 농부가 되어보는 것도 좋다. 무엇이든 평소 하고 싶었지만 여러 가지 사정으로 하지 못했던 일을 해보면 가슴과 머리가 함께 뛰는 일을 찾을 수 있을 것이다.

제품을 시장에 출시하기 전에 반드시 베타 테스트를 거친다. 시제품을 만들기 전에 충분히 시장조사를 하고 심혈을 기울여 제품을 만들었어도 오류가 없는지 최종적으로 검사하는 과정을 거친다. 그런 다음 출시해도 100퍼센트 성공한다는 보장이 없다. 하물며 인생의 큰 축을 바꾸는 새로운 꿈은 말할 것도 없다. 주말이나 여가시간을 활용한 다양한 경험은 일종의 베타 테스트다. 머리로 생각한 꿈이 가슴까지 뛰게 만드는지를 확인할 수 있는 과정이다.

베타 테스트에서 좋은 결과가 나왔다면 그 다음에는 주저하지 말고 큰 판을 바꾸어도 좋다. 다만 베타 테스트를 마칠 때까지는 신중에 신중을 기하는 것이 좋다.

PART 3

꿈을 이루는
프로세스는
모두 통한다

What, How 보다
Why가 먼저다

꿈이 생기면 대부분 어떻게 꿈을 이룰지, 꿈을 이루기 위해 무엇을 할지부터 고민한다. 꿈은 실천이다. 머릿속으로 꿈만 꾼다고 꿈이 이루어지는 것은 아니기 때문에 꿈을 이룰 수 있는 구체적인 방법을 고민하는 일은 아주 중요하다. 하지만 그보다 더 중요한 것이 있다. What과 How를 생각하기 전에 Why부터 생각하고 답을 찾아야 한다.

꿈을 이루기까지의 과정은 결코 순탄하지 않다. 생각하지도 못한 장애물을 수없이 만나고, 꿈을 이루는 과정이 길어지면 어느 순간 자신감을 상실하기도 한다. 고비를 만날 때마다 무너지는 자신을 추스르고 일어날 수 있게 해주는 것이 바로 'Why'다. '왜'가 명확하면 잠시 흔들리더라도 곧 중심을 잡고 꿈을 향해 전진할 수 있다.

Why가 없으면
안 할 이유만 찾는다

요즘 20대들이 가장 선호하는 직업 중 하나가 '공무원'이다. 공무원을 선호하는 가장 큰 이유는 아무래도 '안정성' 때문일 것이다. 일반 기업의 경우 40대 중반만 되어도 정리해고의 불안감 속에 살아야 한다. 그러니 정년이 보장되는 공무원이라는 직업에 매력을 느끼는 것은 어찌 보면 당연하다.

내가 공무원이 된 이유는 다르다. 10년마다 직업을 바꾸는 꿈을 꾸는 내게 정년 보장은 큰 의미가 없었다. 30대 10년을 열심히 공무원으로 살고, 40대에는 강사가 될 계획이었기 때문에 '정년이 보장되는 안정적인 직업'은 나의 Why가 될 수 없었다.

내가 공무원이 되어야 했던 이유는 다른 데 있었다.

간접적으로나마 대한민국의 교육에 기여하고 싶었다. 교육행정공무원이 되어 학교가 아이들이 마음껏 자신을 성장시킬 수 있는 배움터가 될 수 있도록 돕고 싶었다. 또 다른 이유도 있었다. 나는 가능한 한 다양한 일을 경험하기를 원했다. 전문 직종은 말할 것도 없고, 일반 기업도 대부분 업무가 한정되어 있다. 입사할 때 영업부에 들어가면 큰 이변이 없는 한 퇴직할 때까지 영업부에서 근무할 가능성이 크다. 공무원은 다르다. 30대 공무원이 되겠다는 꿈을 꾸기 전에 공무원이 어떤 일을 하는

지 알아보았는데, 2, 3년마다 계속 보직을 바꿔준다는 점이 마음에 들었다. 게다가 공무원은 대한민국 전체를 대상으로 일한다는 점도 매력적이었다.

큰물에서 다양한 업무를 경험하면 40대 이후의 꿈을 이루는 데도 도움 된다고 판단했다.

이처럼 공무원이 되어야 할 이유가 충분한 데 안 할 이유가 없었다. 만약 이런 이유가 없었다면 공무원시험을 준비할 때 자꾸 도망갈 구실을 찾거나 공무원이 된 후에도 이런저런 핑계로 10년이 되기 전에 중도에 포기했을 수도 있다.

공무원시험을 준비할 때도 What과 How보다 Why부터 확실히 한 덕을 톡톡히 보았다. 나는 67일이라는 상당히 짧은 기간 시험을 준비해 단번에 합격했다. 일반적으로 지방공무원 채용 공고는 60일 내지 90일 이전에 공고가 나고 60일이나 70일 이전에 원서 접수가 이루어진다. 준비할 수 있는 기간이 67일에 불과하면 수험생들은 대부분 꼭 붙겠다는 마음보다는 경험 삼아 보는 경우가 많다. 그래서 그들은 떨어질 가능성이 더 큰 이유를 먼저 생각하며 위안을 삼는다.

"공무원시험은 원래 최소 1, 2년은 준비해야 붙을 수 있대. 떨어지는 게 당연해."

"요즘 워낙 경쟁률이 심해서 어지간히 운이 좋지 않으면 합격하기가 어렵대."

붙어야 할 이유보다 떨어질 수밖에 없는 이유만 줄줄이 늘어놓으니 시험공부에 몰입하기도 어렵다. 지치고 힘들 때마다 떨어질 수밖에 없는 이유를 떠올리며 하지 않을 구실만 찾는다.

하지만 나는 꼭 붙어야 할 이유를 찾고 되새겼다. 비록 시험공부를 할 수 있는 기간이 두 달도 채 되지 않았지만 어떻게든 붙어야 할 이유를 분명히 했다.

우연치 않게도 1997년 12월 3일 외환위기가 시작되면서 1999년까지 공무원 신규 임용 및 발령이 거의 멈춰버렸다. 그리고 공무원시험에 처음 도전했던 1997년은 군 가산점을 받을 수 있는 마지막 공무원시험이 치러지는 해이기도 했다. 이미 오래전부터 군 가산점 제도가 양성평등에 어긋난다는 비판이 끊이지 않았는데, 1999년 헌법재판소에서 위헌 판결을 내리면서 1999년 12월 시험부터 사실상 폐지되었다. 공무원시험에서 3 내지 5퍼센트의 군 가산점은 당락을 좌우할 수 있을 정도로 크다. 만약 군 가산점을 받을 수 있는 그해 시험에서 떨어지면 다음해에는 전 과목을 한 문제씩 더 맞춰야 합격할 수 있다. 말이 쉽지 과목마다 한 문제를 더 맞는 것은 여간 어려운 일이 아니다.

올해 합격하지 못하면 내년에는 더 어렵다고 생각하니 왜 꼭 합격해야 하는지가 절실하게 다가왔다. 게다가 시험에 집중하기 위해 다니던 직장을 그만두기까지 했으니 합격해야 할 이유는 차고도 넘쳤다.

Why를 확실히 한 다음 What과 How를 생각했다. 나와 비슷하게 단기간 준비해 공무원시험에 합격한 사례를 찾아보고 그들이 공부했던 방법을 정리했다. 사례 주인공들의 공부법은 공통점도 있지만 각자 자기만의 방법도 많았다. 그 많은 공부법을 다 따라한다는 것은 불가능했다. 그래서 여러 공부법 중 내가 가장 잘할 수 있는 공부법을 골라 집중했고, 그해 공무원시험에 합격할 수 있었다.

What과 How는 현상에 불과하다. 본질은 Why다. 현상은 경우에 따라 달라질 수 있지만 본질은 변하지 않는 법이다. Why는 꿈을 계속 꿀수 있게 해주는 원동력이다. 외풍에 흔들릴 때마다 중심을 잡아주고, 다시 앞으로 갈 수 있도록 용기를 북돋아주는 것이 Why이므로 Why가 없으면 꿈을 이루기 어렵다.

남이 만들어준
Why로는 부족하다

Why는 두 가지가 있다. 내 스스로에게서 나온 Why와 다른 사람의 영향을 받아 만들어진 Why가 있다. 전자의 Why를 '내적 동기', 후자의 Why를 '외적 동기'라고 부른다. 어떤 Why든 아예 없는 것보다는 있는 것이 낫지만 외적 동기는 내적 동기에 비해 동기부여의 힘이 약하다.

의외로 많은 사람들이 다른 사람이 만들어준 꿈을 자신의 꿈인 양 착각한다.

내가 아는 사람들 중 착하고 공부 잘하는 학생이 있었다. 초등학교, 중학교, 고등학교 내내 전교에서 1, 2등을 놓친 적이 없고, 심성도 착해 한 번도 부모님의 뜻을 거스른 적이 없었다. 워낙 어렸을 때부터 똑똑해 부모님은 그에게 법대에 진학해 사법고시를 보기를 원했고, 그도 거부감이 없었다. 사법고시에 통과해 판사가 되어 부모님을 기쁘게 해드리는 것이 부모님의 희망이자 자신의 꿈이라고 생각했다.

하지만 막상 대학에 진학해 법 공부를 해보니 적성에 맞지 않았다. 그래도 부모님이 원하시니까 포기해서는 안 된다며 동기부여를 하려 애썼지만 한계가 있었다. 애쓸수록 더 지치고 부모님을 떠올려도 마음을 다잡기 힘들었다.

남몰래 고민하고 방황하다 어렵게 속내를 내게 털어놓았는데, 참으로 안타까웠다.

"학교 다닐 때는 1등하면 부모님이 기뻐하시니까 동기부여가 되었어요. 지금도 부모님을 기쁘게 해드리고 싶은데 부모님 외에 왜 내가 고시 공부를 해야 하는지 이유를 찾지 못하겠어요."

내적 동기가 부족하니 고시공부가 재미없고 힘들기만 한 것은 당연하다. 자기 스스로를 확실하게 설득할 수 있는 것은 내적 동기다. 부모님 혹은 배우자 등 다른 사람에 의해 만들어진 Why는 설득력이 약하다. 자기 것이라고 믿었던 Why가 사실은 나보다 다른 사람에 의해 만들어진

Why임을 깨닫는 순간 Why는 급격히 힘을 잃는다. 외적 동기의 유효기간이 끝났음을 깨달았다면 그때부터라도 강력한 자신만의 Why, 내적 동기를 찾아야 한다. 아무리 찾아도 끝내 내적 동기를 찾기 어렵다면 잠깐 꿈으로 가는 걸음을 멈추고 과연 그 길을 가는 것이 맞는지 다시 한번 생각해보는 것이 좋다.

늦었다고 생각하지 말고 그때부터라도 남이 심어준 꿈이 아니라 스스로가 간절하게 원하는 꿈을 찾아야 행복할 수 있다.

무조건적인 긍정이
꿈을 방해한다

많은 사람들이 긍정의 힘을 믿는다. 실제로 긍정은 힘이 세다. 똑같이 위기에 처했을 때 긍정적인 사람이 그렇지 않은 사람보다 위기를 슬기롭게 극복할 가능성이 더 크다. 사람들과의 관계에서도 상대방의 나쁜 점보다는 좋은 점을 먼저 찾고 긍정적으로 생각하는 사람들이 대체적으로 대인관계를 잘 풀어간다.

실제로 성공한 사람들을 보면 대부분 긍정적이다. 아무런 고난 없이 성공할 수는 없다. 누구든 성공하기까지 수많은 역경을 겪는데, 성공한 사람들은 역경에 부딪힐 때마다 긍정의 힘을 발휘한다. 어떤 역경도 극복할 수 있다고 믿고 결코 좌절하거나 포기하지 않는다.

나 또한 매사 긍정적인 사람이다. 지금껏 꿈을 하나씩 이룰 수 있었던 것도 내 안에 숨 쉬고 있는 긍정의 힘이 컸음을 부인하지 않는다. 그럼에도 나는 무조건 긍정의 힘을 믿지 않는다. 오히려 무조건적인 긍정을 경계하는 편이다. 긍정은 양날의 칼과도 같다. 긍정을 제대로 활용하면 꿈을 이루는 데 도움 되지만 자칫 잘못하면 역효과를 내기 쉽다.

근거 없는 긍정은
위험하다

오스트리아 출신 정신의학자인 빅터 프랭클 박사가 쓴《죽음의 수용소》라는 책을 보면 긍정의 다른 단면을 실감할 수 있다. 이 책은 그가 제2차 세계대전 중 가족과 함께 아우슈비츠와 다하우 등지의 강제수용소에서 지내면서 겪은 일을 기록한 것이다.

굳이 이 책을 읽지 않아도 아우슈비츠의 악명은 이미 잘 알려져 있다. 수많은 유대인들이 그곳에서 인간 이하의 모욕적인 취급을 받고 학대당하다 죽어갔다. 제대로 먹지도, 입지도, 자지도 못하고 강제로 중노동을 해야 했던 수용소에서 그는 살아남았다.

그가 지옥과도 같은 수용소 생활을 견뎌내고 살아남을 수 있었던 것은 스스로 살아남아야 하는 이유를 찾았기 때문이다. 물론 긍정적인 사람들도 그렇지 않은 사람들보다 포로수용소 생활을 잘 견뎌냈지만 한계가 있었다.

그가 기록한 내용에 따르면 포로수용소에서 지내던 중 크리스마스 때부터 다음해 1월 1일까지 일주일도 채 안 되는 짧은 기간 동안 사망자가 급격히 증가하는 것을 목격했다고 한다. 그전까지 수용자들은 크리스마스가 되면 집에 돌아갈 수 있으리라는 막연한 희망을 품고 있었다. 아무런 근거도 없이 말이다. 그러다 크리스마스가 다가오는데도 전혀 전쟁이 끝날 기미도, 그 어떤 희망적인 뉴스도 들리지 않자 순식간에 용기를 잃고 절망해 결국 죽음에 이르렀다고 그는 이 책에서 말한다.

이처럼 근거 없는 긍정은 오히려 위험하다. 처음에는 무조건적인 긍정이 어려운 상황을 견디는 데 도움 되는 것처럼 보인다. 하지만 상황이 오래 지속되면 더 크게 절망하고 상처를 입을 수 있다. 실제로 제2차 세계대전 중 포로수용소에서 살아남은 사람들을 보면 긍정적인 사람들보다는 현실을 냉철하게 파악하고 받아들인 현실주의자들이 더 많았다고 한다.

긍정도 근거가 충분해야만 진가를 발휘하는 법이다. 67일 앞두고 공무원시험을 준비할 때 나는 무조건 긍정적으로 "나는 합격할 수 있다"를 외친 것이 아니다. 본격적으로 공부를 시작하기 전에 비슷한 선례가 있는지부터 찾아보았다. 두 달 공부해서도 합격할 수 있다고 무조건 믿고 싶었지만 선례가 없다면 아무래도 어려운 싸움이 될 것 같아서였다. 물론 선례가 없어도 내가 그 선례가 될 수도 있다. 하지만 스스로 두 달 만에 공무원시험에 합격한 첫 타자가 되기에는 시간도 너무 촉박하고 자신도 없었다.

　다행히 비슷한 선례가 있었다. 딱 두 달 만에 합격한 예는 찾지 못했지만 4개월, 6개월 만에 합격한 수험생들의 합격수기를 접할 수 있었다. 그것만으로는 충분하지 않았다. 단기간에 합격한 주인공들이 특별한 경우라면, 예를 들어 머리가 뛰어나게 좋거나 명문대를 나온 사람들이라면 나와는 거리가 있을 것 같았다. 그래서 단기 합격자 프로필을 검색해보니 다행히도 나와 비슷한 사람들이었다.

　확실한 근거를 확인하자 자신감이 붙었다. 그때서야 비로소 '할 수 있다'는 긍정의 주문을 외우며 본격적으로 시험 준비에 돌입했고, 67일 만에 합격할 수 있었다.

　긍정을 강조하는 긍정심리학조차도 무조건적인 긍정을 경계한다. 긍정심리학에서도 긍정과 부정을 모두 필요한 것으로 본다. 오히려 극한 상황에서는 부정적인 정서가 더 도움 된다고 한다. 실제로 인류를 지금껏 생존할 수 있게 만든 것은 부정의 힘이 크다. 조금만 방심해도 언제 어디서 맹수의 공격을 받아 죽을지도 모르는 상황에서 인간은 긍정보다는 부정의 힘에 의지해 위험을 피할 수 있었다. 조금이라도 이상하면 의심하고 조심하는 편이 생존에 유리했기 때문이다.

　물론 지금은 옛날보다는 위험이 많이 줄었지만 여전히 무조건적인 긍정보다는 적당히 부정이 조화를 이루었을 때 가장 좋은 결과를 얻을 수 있다. 설탕만 넣었을 때보다 약간의 소금을 함께 넣었을 때 단맛이 극대화되듯이 약간의 부정이 긍정의 힘을 극대화시킬 수 있다. 여기서 부정은 긍정이 긍정일 수 있는 근거라고 보면 무리가 없다.

시간과 노력이 들어간
긍정이 답이다

아무것도 하지 않으면서 무조건 잘 될 거라고 믿는 사람들이 있다. 취업 준비는 하지도 않으면서 부모가 걱정하면 "걱정 마세요. 꼭 취업할 수 있어요"라고 자신 있게 대답한다. 그쯤 되면 긍정도 보통 긍정이 아닌 초긍정이다.

무조건 잘 될 거라고 생각하는 것은 '긍정'이 아니다. 긍정에는 행동이 따라야 한다. 취업할 수 있다고 긍정적으로 생각한다면 구체적으로 취업하기 위해 노력해야 한다. 어학이 모자라면 어학공부도 하고, 사회경험이 부족하다고 판단되면 적극적으로 인턴을 하거나 봉사활동 등 어떤 형태라도 다양한 사회경험을 쌓을 필요가 있다. 그런 노력이 긍정을 긍정답게 만들어준다.

시간과 노력이 들어가지 않은 긍정은 공염불에 불과하다. 아무리 긍정 주문을 외쳐대도 허망하게 공중으로 흩어지는 소리로 끝난다. 절대로 현실이 되지 못한다.

아이를 키울 때도 무조건적인 긍정이 오히려 역효과를 낼 수 있음을 종종 확인한다. 많은 부모들이 무조건 자식을 믿고 싶어한다. 내 아이는 무조건 잘 될 것이고, 행복할 것이고, 착하고 공부도 잘할 것이라고 믿는다. 그 믿음은 고스란히 아이에게 전해진다.

물론 절대적으로 자식을 믿어주는 부모만큼 든든한 지원군은 없다. 하지만 이런 부모의 절대적인 긍정이 때로는 아이에게 독이 될 수도 있다.

평소 가깝게 지내던 지인들 중 유난히도 자식에 대해서만은 긍정적인 사람이 있었다. 아이에 대한 믿음이 깊어 늘 아이에게 "너는 뭘 하든 무조건 잘할 거야"라는 말을 입에 달고 살았다. 그랬더니 아이도 언제부터인가 정말 자신이 무엇을 하더라도 잘할 수 있다는 믿음을 갖게 되었다. 그 자체로는 아무 문제가 없다. 그런데 믿음이 지나쳐 아이가 아무것도 하지 않으면서도 그냥 잘할 수 있다고 생각한다는 것이 큰 문제였다.

정말 아이가 잘 되기를 바란다면 무조건 잘할 수 있다는 막연한 믿음을 갖게 하는 대신 잘할 수 있으려면 그만큼 시간을 투자해 노력해야 한다는 것을 알려주어야 한다.

생각하는 대로, 말하는 대로 살게 된다는 말이 있다. 맞는 말이다. 하지만 좀더 행간의 뜻을 읽어 보면 그냥 생각만 혹은 말만 해도 된다는 것이 아님을 알 수 있다. 보통 생각이 바뀌면 말도 바뀌고, 말이 바뀌면 행동도 바뀐다. 결국 긍정적으로 생각만 한다고 삶도 긍정적으로 바뀌는 것은 아니다.

꿈을 이루고 싶다면 지금부터라도 '할 수 있다'는 긍정이 현실이 될 수 있도록 시간과 노력을 아끼지 않기를 바란다. 그런 긍정이야말로 진짜 긍정이다.

'그럼에도 불구하고'가
꿈을 현실로 만든다

"아빠는 꿈이 뭐였어?"

"천문학자."

"그런데 왜 안 됐어?"

눈 쌓인 한적한 캠핑장 따뜻한 모닥불 앞에서 아빠와 아들이 대화를 나눈다. 아들이 아빠의 꿈을 묻고 아빠가 대답하기까지의 장면은 따사롭고 평화롭다. 하지만 왜 꿈을 이루지 못했느냐는 아들의 질문에 아빠는 잠시 할말을 잃는다. 그러다 풀 죽은 목소리로 겨우 "수학이 싫어서"라고 대답한다.

2013년 초쯤 세간의 관심을 끌었던 광고의 한 장면이다. 그 광고가 웃음과 동시에 공감을 자아냈던 이유는 핑계 없는 무덤이 없듯 꿈을 이루지 못한 사람들에게도 다 핑계가 있기 때문이다.

꿈이 없는 사람들도 많지만 꿈이 있어도 꿈으로만 간직하며 사는 사람들도 많다. 그들은 대부분 꿈을 이루고 싶어도 자신이 처한 환경과 조건 때문에 이룰 수가 없다며 한탄한다. 하지만 쉽게 이룰 수 있는 꿈은 없다. 어떤 꿈이든 그 꿈을 방해하는 환경과 조건을 뛰어넘지 못하면 꿈은 그야말로 머릿속에서나 존재하는 그런 꿈으로 끝난다.

꿈은
반전이다

꿈을 이루었을 때 가슴이 벅차오르고, 세상을 다 가진 것처럼 행복할 수 있는 이유는 꿈을 이루기가 그만큼 어렵기 때문이다. 누가 봐도 당연한 것은 꿈으로서의 감동이 없다. 재벌 그룹의 2세가 젊은 나이에 사장이 되고 부회장이 된 것을 보고 감동하는 사람이 있을까? 아무도 없을 것이다. 참 대단한 사람이라고 생각하는 사람도 없을 것이다. 그가 회장의 뒤를 이어 그룹의 주인이 될 것은 이미 예견된 당연한 일이기 때문이다.

사람들은 당연한 것에는 관심을 보이지 않는다. 부모 모두 명문대를 졸업했고, 그 사이에서 태어난 자녀도 초등학교 때부터 고등학교 때까지 전교 수석을 놓치지 않았고, 여세를 몰아 명문대에 합격해도 감동은 크지 않다. 감동은 중학교도 나오지 않은 부모 밑에서 자란 자녀가 과외

한 번 받지 않고도 보란 듯이 명문대에 합격했을 때 크게 온다.

꿈이 감동적인 이유는 당연하지 않기 때문이다. 아무런 역경도 없이 꿈꾸는 대로 탄탄대로를 걸어 당연한 듯이 이룰 수 있는 것이 꿈이라면 사람들은 굳이 꿈꾸지 않을 것이다. 꿈은 그 자체가 반전을 품고 있다.

재벌 2세가 그룹 회장이 되는 것은 꿈이 될 수 없지만 그룹의 말단직원이 그룹의 회장이 되는 것은 꿈이 될 수 있다. 당연하지 않기 때문이다. 그룹 회장이 될 수 있는 가능성보다는 그룹 회장이 절대 될 수 없는 조건과 이유가 수도 없이 많기 때문이다. 그 많은 악조건이 있음에도 불구하고 반전을 꾀하는 것이 바로 꿈이다.

꿈 자체가 반전의 속성을 갖고 있다는 것을 인정하면 꿈을 방해한다고 생각했던 현실이나 조건도 달리 볼 수 있다. 더 이상 자신이 처한 현실이나 조건은 꿈을 이루지 못하는 방해 요인이 아니라 더 큰 감동을 불러일으키는 꿈의 필요충분조건으로 작용한다.

'그럼에도 불구하고'가
기회를 만든다

단점이나 약점을 극복하는 가장 좋은 방법은 단점이나 약점을 강점으로 만드는 것이다. 조건도 마찬가지다. 약점을 강점으로 활용할 수 있듯이 꿈을 이루는 데 불리하다고 생각했던 조건이나 환경도 어떻게 활용하느냐에 따라 오히려 꿈을 이루는 데 힘을 보태는 요인으로 만들 수 있다. 조건이 불리함에도 불구하고 열심히 노력하면 그만큼 꿈을 이룰 가능성이 커지고, 그렇게 이룬 꿈은 감동도 배가 된다.

나도 지금까지 끊임없이 '그럼에도 불구하고'를 만들기 위해 노력했다. 머리가 좋지 않음에도 불구하고 공무원시험에 합격하기 위해 남들보다 두 배, 세 배 노력했고, 학벌이 좋지 않음에도 불구하고 열심히 노력한 덕분에 전문 강사로서의 입지를 다질 수 있었다.

조건을 뛰어넘는 '그럼에도 불구하고'를 만들면 조건은 더이상 꿈을 방해하는 장애물이 아니라 꿈을 이룰 수 있게 도와주는 좋은 무기가 된다. 따라서 '그럼에도 불구하고'를 만들 수 있는 악조건이 많으면 많을수록 슬퍼할 것이 아니라 기뻐해야 한다. 그만큼 경쟁력을 키워 꿈을 이룰 가능성이 커지니까 말이다.

나는 취업으로 고민하는 20대들을 볼 때마다 '그럼에도 불구하고'를 만들라고 조언한다. 지방대 학생들을 대상으로 강연을 많이 하는데, 지방대 학생들의 고민은 서울에 있는 대학생들과는 또 다르다. 취업난이 심각하다고는 하지만 그래도 서울에 있는 대학생들에게도 더 많은 취업의 기회가 있다. 기업들마다 학벌과 나이와 상관없이 능력 있는 인재를 뽑는다고 말은 하지만 지방대 학생들에게는 상대적으로 문이 더 좁은 것은 사실이다.

솔직히 나는 지방대 학생이라는 말을 좋아하지 않는다. 우리나라처럼 서울을 제외한 다른 지역의 대학생들을 통틀어 지방대 학생이라 말하는 나라는 내가 아는 한 어디에도 없다. 누가 처음 지방대 학생이라는 말을 만들었는지는 모르겠지만 좋은 의미로 그런 말을 만들지는 않았을 것이다. 지방대 학생이라는 말에는 알게 모르게 서울에 있는 대학생들보다 부족한, 경쟁력이 약하다는 의미가 포함되어 있다.

더 안타까운 것은 지방대 학생들도 스스로 지방대 출신이기 때문에 경쟁력이 약하다고 생각한다는 것이다. 설령 그것이 부인할 수 없는 현실이라 할지라도 미처 시작도 해보지 않고 지방대 출신이라서 안 되리라 생각하는 학생들을 볼 때마다 안타깝고 속이 상한다. 지방대 학생이라도 '그럼에도 불구하고'를 만들면 얼마든지 꿈을 이룰 수 있다.

'그럼에도 불구하고'로 꿈을 이룬 좋은 예는 많다.

4년 전 광주 인재육성아카데미에서 만나 지금까지 인연을 맺고 있는 남학생이 있다. 광주 인재육성아카데미는 노무현 전 대통령의 인사비서를 담당했던 정찬용 씨가 설립한 사단법인이다. 사람이 변화하고 발전하려면 교육을 받을 수 있어야 한다. 그런데 지방의 인재들은 서울에 비해 교육을 받을 수 있는 기회가 적다. 이를 안타까워 그가 2006년 광주 무등아카데미로 시작해서 십시일반으로 자금을 마련하고 2009년 2월 세운 것이 인재육성아카데미다.

나는 4년 전 처음 인재육성아카데미가 설립되었을 때부터 지금까지 계속 강연을 하고 있다. '그럼에도 불구하고'를 만든 남학생은 첫해에 만났다. 그 학생은 눈빛이 또랑또랑하고 매우 적극적이었다. 쉬는 시간마다 나를 찾아와 꿈을 이야기하고 어떻게 해야 하는지 조언을 구했다.

"저는 경영학을 전공했기 때문에 은행이나 보험회사와 같은 금융권에서 일하고 싶어요. 그런데 특별히 내세울 게 없어요. 지방대라는 핸디캡을 넘어설 무언가가 있어야 하는데 아무리 궁리해도 마땅치가 않아요. 면접에 가도 할 이야기가 없어요. 어쩌면 좋죠?"

면접을 볼 때는 왜 그 회사가 자신을 뽑아야 하는지 면접관을 설득시켜야 한다. 그러지 못하면 떨어질 수밖에 없다. 면접관을 설득시키는 가장 좋은 방법은 '그럼에도 불구하고'를 만드는 것이다. 그 친구에게도 지방대 출신임에도 불구하고 자신만의 경쟁력 있는 '무엇'을 찾아 만들어보라고 조언했다.

얼마쯤 지난 후 그 남학생이 밝은 얼굴로 다시 나를 찾아왔다. 전국일주를 하고 싶다고 했다. 단순한 여행이 아니라 무일푼으로 전국을 다니면서 현장에서 사람들 일을 도와주고 밥을 얻어먹으면서 다양한 사회를 직접 체험하고 싶다고 했다.

좋은 생각이었다. 당시 그 남학생은 취업이 급한 4학년생이었지만 어학을 비롯한 취업 공부를 하는 것보다는 전국을 돌며 다양한 사회를 체험하는 것이 더 값진 경험이 될 수 있으리라 판단했다. 다만 전국일주를 관통하는 주제가 있으면 좋겠다는 생각이 들었다. 함께 머리를 모아 고민한 후 '독도는 우리 땅'을 주제로 잡았다. 전국을 돌며 '독도는 우리 땅'이라는 캠페인을 함께 펼치면 더욱 값진 무전여행이 될 것이었다.

함께 완성한 기획안을 토대로 그 남학생은 전국 무전여행을 했고, 예상대로 무전여행은 그의 강력한 '그럼에도 불구하고'가 되었고, 그해 12월 H생명에 당당히 합격했다. 보험은 모험정신과 개척정신을 필요로 하는 분야다 보니 그의 무전여행 경험이 좋은 인상을 남겼던 것 같다.

지금은 회사를 옮겨 T손해보험에 입사해 관리 업무를 담당하고 있는데, 얼마 전 전화가 왔다. 조만간 본부로 발탁되어 올라갈 것 같다는 소식이었다. 입사한 지 2년 만에 본부로 스카우트되는 것은 쉬운 일이 아니다. 4학년 때 무전여행을 기획하고 실행했던 도전정신과 열정으로 열심히 일해 회사에서 능력을 인정받았기 때문에 가능한 일이었다.

그 친구를 보면 이제는 완전히 '그럼에도 불구하고'를 터득한 사람 같다. 더이상 그에게 현실이나 조건은 핑계가 되지 않는다. 그 어떤 불리한 조건도 그는 그의 특유의 열정으로 '그럼에도 불구하고'를 만든다. 앞으로 그가 또 어떤 '그럼에도 불구하고'를 보여줄지 사뭇 기대된다.

벼랑 끝에 나를 세워야
꿈을 이루기 쉽다

죽을힘을 다해 최선을 다했을 때 이루지 못할 꿈은 없다. 문제는 이를 잘 알면서도 최선을 다하기가 어렵다는 데 있다. 왜 그 꿈을 꾸는지 Why 를 명확히 하면 좀더 최선을 다할 수 있지만 그것만으로는 충분하지 않다. 사람은 유혹에 약하고 편한 것을 좋아한다. 부지런히 꿈을 향해 전력 질주해야 한다는 것을 알면서도 힘들면 쉬고 싶고, 때로는 포기하고 싶은 마음이 들기도 한다.

물론 휴식은 필요하다. 오랜 시간 지치지 않고 꿈을 향해 가려면 적절한 휴식을 통해 재충전해야 한다. 꼭 필요한 휴식 외에 마음이 느슨해지고 꿈에 대한 확신이 없어 고민하면서 의미 없이 흘려보내는 시간이 많으면 최선을 다하기 어렵다.

흔히 최선을 다하려면 의지가 굳건해야 하고 그렇지 않으면 힘들다고 말한다. 하지만 앞에서도 언급했듯이 원래 사람은 편한 것을 좋아하기 때문에 시시때때로 의지가 흔들릴 수 있다. 마음을 다잡아 의지를 불태울 수 있으면 그나마 다행이지만 쉽지 않다. 좀더 강력하게 의지를 다질 수 있는 방법이 필요하다. 가장 좋은 방법은 벼랑 끝에 나를 세우는 것이다. 더 이상 물러날 곳이 없으면 최선을 다할 수 있고, 그만큼 꿈을 이루기도 쉽다.

벼랑 끝에 서야
잠재력이 극대화된다

공무원시험을 본격적으로 준비하기 전에 잠깐 컴퓨터 업체에 근무한 적이 있다. 30대에 공무원이 되겠다는 분명한 꿈이 있었는데, 컴퓨터 업체에 입사했던 이유는 여러 가지다.

대학을 다니면서 춤추는 틈틈이 30대 두 번째 직업인 공무원이 되었을 때 필요한 컴퓨터 활용능력을 키우기 위해서 독학으로 컴퓨터 하드웨어 및 소프트웨어 사용법을 배웠다. 그 당시에는 웹이 활성화되지 않아 PC통신이 최고의 정보도구로 활성화되어 있을 때였다. 특히 하이텔과 천리안으로 양분되는 PC통신 시장에서 국내 최대 컴퓨터 동호회인 하이텔 하드웨어 동호회에서 운영진으로 활동했을 만큼 그 실력을 인정받았다. 춤에 대한 열정만큼이나 컴퓨터에 대한 열정도 대단했다. 우선 내 컴퓨터 실력을 확인하고 싶었다.

공무원이 되어 업무를 효율적으로 처리하려면 컴퓨터를 꼭 배워야 한다고 들어 독학으로 컴퓨터를 공부했지만 실무 경험이 없어 불안했다. 실제 업무를 처리할 때 과연 내가 아는 컴퓨터 지식이 쓸모가 있는지 확인하고 싶었다. 만약 부족하다면 실무 경험을 통해 업무 적용 능력을 키우고 싶은 마음이 컸다.

또 한 가지는 가족의 생계를 책임져야 하는 가장의 역할도 무시할 수 없었다. 제대한 후 아내를 만나 결혼을 일찍 했던 터라, 20대 후반의 젊은 나이에 나는 이미 두 아이의 아빠였다. 아내가 체신청 공무원이었지만 아내의 수입에만 의존하며 시험 준비만 할 수는 없었다.

실무 경험도 쌓고 가장의 책임을 다하기 위해서 PC를 제조 판매하는 컴퓨터 업체의 기술교육 부서에 입사했다. 입사 전에 PC라인을 비롯한 컴퓨터 잡지에 테크니컬 라이터로 글을 자주 기고했는데, 이런 경력을 인정받아 비교적 쉽게 취업할 수 있었다.

컴퓨터 업체에서 약 1년가량 일했을 즈음, 공무원시험 공고가 났다. 직장을 계속 다니면서 시험 준비를 해 합격할 수 있다면 그것만큼 좋은 일이 없다. 하지만 과연 낮에는 일하고, 밤에는 공부해 합격할 수 있을지 자신이 없었다. 고민 끝에 사표를 던졌다. 스스로를 물러설 곳이 없는 벼랑 끝으로 몰아세운 것이다.

사람은 믿는 구석이 있으면 그에 기대기 때문에 최선을 다하기 어렵다. 이를 뒷받침하는 연구 결과는 많다. 독일의 심리학자 링겔만 박사는 1 대 1로 줄다리기를 할 때와 여러 명 대 여러 명이 줄다리기를 할 때 한 사람이 쏟는 힘의 강도가 어떻게 달라지는지를 측정하는 실험을 했다. 결과는 흥미로웠다. 1 대 1로 줄다리기할 때 한 사람이 내는 힘을 100으로 놓고 참가자들이 늘어날 때마다 힘이 어떻게 변하는지 측정했는데, 2명이 참가하면 93, 3명이 참가하면 85로 참가자 수가 늘수록 힘이 줄어들었다. 8명이 참가했을 때는 힘이 49로 절반도 채 안 되었다.

이 실험은 자신에게 모든 책임과 권한이 있는 1 대 1 게임과는 달리 '여러 명' 가운데 한 사람에 불과할 때는 전력투구하지 않는다는 것을 보여준다. 혼자일 때는 자기 외에는 믿을 구석이 없으므로 최선을 다하지만 여러 명이 줄다리기할 때는 내가 좀 힘을 덜 써도 다른 사람들이 보완해줄 것이라 믿기 때문이다.

벼랑 끝에 나를 세우고 최선을 다하면 원래 자기 힘의 100퍼센트만 발휘하는 것이 아니라 그 이상의 힘을 발휘할 수 있다. 사람의 능력은 상상 이상으로 크다. 과연 내가 이것을 할 수 있을까 싶었던 일들도 마음 독하게 먹고 하면 가능한 일이 꽤 많다. 하지만 그런 능력은 평상시에는 잘 나타나지 않는다. 매우 절박한 상황에 놓여야만 비로소 그런 능력이 모습을 드러낸다.

예를 들어 위기에 처한 아이를 엄마가 초인적인 힘을 발휘해 구한 사례는 이미 심심치 않게 들어왔다. 아이가 무거운 돌에 깔려 비명을 지르면 평소에는 가방 하나 드는 것도 쩔쩔 매던 엄마가 어디서 그런 힘이 났는지 무거운 돌을 번쩍 들어 아이를 구한다. 나중에 어떻게 그 무거운 돌을 들었는지 의아해 하면서. 아이를 구해야 한다는 절박한 상황이 엄마로 하여금 초능력을 발휘하게 만든 것이다.

초능력뿐만 아니라 잠재력도 마찬가지다. 사람은 누구나 무한한 잠재력을 갖고 있는데, 이 잠재력도 극한 상황에서 잘 나타난다. 물론 초능력과는 달리 잠재력은 꼭 극한 상황이 아니더라도 평소 열심히 잠재력을 끌어올리려고 노력하면 계발, 발전시킬 수 있다. 다만 극한 상황, 절박한 상황에서는 잠재력이 더 극대화되므로 꿈을 이루려면 스스로를 절박한 벼랑 끝으로 몰아세우는 것이 좋다.

절박함이 분명한
목표를 만든다

절박한 상황에서는 모든 것이 선명해진다. 그 상황에서 무언가를 해야 하는 이유와 어떻게 해야 하는지가 분명해진다. 바위에 깔린 아이를 보았을 때 엄마가 오직 아이를 구해야 한다는 생각만 하듯 절박한 상황에서는 잡다한 생각을 할 겨를이 없다.

공무원시험 공고를 처음 접했을 때 시험까지 남은 기간이 고작 두 달가량이었다. 학원 알아보고 등록하니 딱 67일의 시간이 남았다. 일반적으로 공무원시험에 합격하려면 1, 2년 정도는 공부해야 한다. 요즘에는 공무원 지원자가 워낙 많아 평균 2년 이상 준비해야 한다고 들었다. 적어도 1, 2년은 준비해야 그나마 붙을까 말까 한데, 고작 67일 남았을 때 꼭 붙겠다는 목표로 공부할 수 있는 사람이 얼마나 될까? 그리 많지 않을 것이다.

대부분의 사람들은 합격을 목표로 하기보다는 경험 삼아, 시험 출제 유형을 파악해보려는 마음으로 공부를 시작한다. 단지 경험을 목표로 공부하면 아무래도 최선을 다하기 어렵다. 올해는 워밍업 정도로 만족하고 본격적인 준비는 내년부터 한다는 마음가짐으로는 딱 워밍업 정도로만 공부할 수 있을 뿐이다.

하지만 벼랑 끝에 서면 다르다. 비록 67일밖에 남지 않았지만 내게는 반드시 합격해야 할 이유가 많았다. 우선 나는 가장이었다. 가장이 1년 이상 공부만 하면 기본적인 생계조차도 유지하기가 어려울 것이 분명했다. 또 다른 이유는 그해가 군 가산점이 적용되는 마지막 해였기 때문에 어떻게든 합격해야만 했다.

결국 절박함이 목표를 선명하게 만들었고, 잡념 없이 목표를 향해 달려갈 수 있게 만들었다. 당연한 말이지만 결과는 목표를 어떻게 잡느냐에 따라 달라진다. 경험 삼아 시험을 보면 딱 그만큼만 이루고, 합격을 목표로 하면 그만큼 합격할 가능성이 커진다. 벼랑 끝에서 분명한 목표를 세우는 것, 그것이 꿈을 이루기 위한 필요충분조건이다.

버리고 비워야
꿈을 이룬다

보통 꿈을 찾으면 어떻게 하면 꿈을 이룰 수 있을지부터 고민한다. 물론 방법은 중요하다. 하지만 더 중요한 것이 있다. 꿈을 이루려면 방법을 찾기 전에 무엇을 버리고 비울 것인지를 먼저 찾아야 한다.

나는 술, 담배, 커피를 하지 않는다. 담배와 커피는 처음부터 하지 않았고 이제 술도 하지 않는다. 좋아하지 않기 때문에 하지 않는 것이 아니다. 아버지와 남동생은 술을 잘한다. 나도 공무원 시절에는 업무상 어쩔 수 없이 술을 마셔야 할 때가 있었는데, 그때마다 내게 술 잘 마시는 유전자가 있음을 확인했다. 술을 마셨을 때 기분 좋게 올라오는 취기도 나쁘지 않았다. 그럼에도 술을 마시지 않는 이유는 이루고 싶은 꿈 때문이다.

특히 40대 세 번째 꿈인 강사는 아무리 좋은 콘텐츠가 있어도 체력과 건강이 허락되지 않으면 유지하기 어려운 직업이다. 20대 때 80대까지

10년마다 한 가지씩, 모두 일곱 가지의 꿈을 꾸겠다는 로드맵을 그리고
나니 가장 먼저 걸리는 것이 건강이었다. 최소한 90세까지 건강해야 꿈
을 모두 이룰 수 있기에 건강을 위협하는 세 가지를 멀리했다. 덕분에 지
금까지 나는 무척 건강하다. 지금처럼 건강관리를 잘하면 90세까지 팔
팔하게 살면서 계획했던 꿈을 다 이룰 수 있을 것 같다.

버릴 수 없다면
간절한 것이 아니다

내가 만난 20대들은 대부분 절박하다고 말한다. 꼭 취업해야 한다며,
올해 취업하지 못하면 죽을 것 같다며 간절함을 호소한다. 정말 간절한
꿈은 이루어질 수밖에 없다. 정말 간절하면 모든 것이 꿈을 중심으로 재
편된다. 생각도 꿈에 집중하고, 행동도 꿈을 이루는 데 필요한 행동, 즉
실천으로 연결된다. 그렇게 모든 생각과 행동이 꿈으로 향하는데 꿈이
이루어지지 않을 수가 없다.

과연 꿈을 향한 열망이 정말 간절한지 아닌지를 구별하는 방법은 간
단하다. 간절하면 무엇을 버리고 비워야 하는지가 저절로 보인다. 그런
데 내가 만난 20대들은 대부분 버리는 데 인색하다. 입으로는 간절하다
고 말하면서 당연히 버려야 할 것들을 버리지 않는다. 여전히 예전처럼

술 마시고 싶을 때 술 마시고, 친구들 만나고 싶을 때 만나 몇 시간을 흘려보내고, 게임을 하고 싶을 때 PC방에서 죽 치고 앉아 게임을 즐긴다.

핑계는 있다. 가끔씩 그렇게 스트레스를 풀어주지 않으면 더 머리가 아파 오히려 꿈에 집중할 수 없기 때문이란다. 얼핏 들으면 그럴 듯하지만 다 버려야 할 것을 버리지 못하는 자신을 보호하는 구차한 변명에 지나지 않는다.

2012년 국내 100대 기업을 기준으로 했을 때 대학 졸업생들의 취업 경쟁률이 무려 55 대 1이었다고 한다. 보통 한 사람이 한 기업에만 입사 원서를 내지 않으니 실제 경쟁률은 이보다 조금 낮을 수 있지만 그렇다 하더라도 취업이 결코 만만치 않다는 사실은 변함이 없다.

그 엄청난 경쟁률을 뚫고 취업하는 사람들은 대부분 간절한 사람들이다. 적어도 취업을 준비하는 동안은 수많은 유혹을 뒤로 하고 오직 취업 준비에만 몰두했을 것이다. 취업 준비가 방해되는 것을 모두 버리고, 때로는 먹는 것도, 자는 것도 잊은 채 오직 꿈을 위해 달렸을 것이다. 그런 사람과 아무것도 버리지 않고, 하고 싶은 것 다 하면서 취업을 준비한 사람 중 누가 꿈을 이루기가 쉬울까? 굳이 대답할 필요조차 없을 정도로 답은 명확하다.

입으로는 간절하다고 말하면서 아무것도 버리지 못하고 꿈을 이루고 싶다고 말하는 친구들에게 늘 하는 말이 있다.

"정말 간절한 거 맞아? 내가 보기에는 아직 그렇게까지 간절하지 않은 것 같은데?"

정말 간절하면 버리고 비우는 것은 그렇게까지 어렵지 않다. 설령 버리고 비워야 할 것이 오랫동안 굳어진 나쁜 습관이라 하더라도 정말 간절하다면 버릴 수 있다.

흔히 담배는 중독성이 강해 어지간히 독하지 않으면 끊기 어렵다고 말한다. 그 담배를 어느 날 갑자기 칼로 무 자르듯이 싹둑 끊는 사람들을 보면 절박한 동기가 있다. 건강에 적신호가 켜져 담배를 끊지 않으면 생명이 위험하거나 평생 고질적인 만성질환에 시달릴 수 있음을 스스로 확인하면 바로 끊는다. 내 주변에도 그런 사람들이 있다. 건강할 때는 주변에서 아무리 담배를 끊어야 한다고 말해도 꿈쩍도 하지 않았는데 건강검진에서 치명적인 결과가 나오자 당장 담배를 버렸다.

꿈을 이루기 위한 첫 실천은 버리고 비우는 것부터 시작해야 한다. 입으로만 간절하다고 말하지 말고 과감하게 버리고 비우면 그만큼 꿈에 가까워진다.

버리면 꿈을 이룰
시간이 넉넉해진다

잔은 비워야 새로 채울 수 있듯이 꿈을 방해하는 요인들을 버려야 꿈을 이루는 데 도움 되는 요인들로 나를 채울 수 있다. 꿈을 이루는 데 가장 중요한 요인 중 하나가 시간이다. 많은 사람이 시간이 없다, 바쁘다는 말을 입에 달고 산다. 조금만 더 노력하면 꿈을 이룰 수 있는데, 시간이 없어 포기했다며 아쉬워한다.

시간이 부족한 이유는 버리지 못했기 때문이다. 나는 67일 준비해서 공무원시험에 합격했다. 단기간에 합격할 수 있었던 비결은 여러 가지지만 그중 불필요한 것들을 과감히 버린 것이 큰 도움이 되었다. 67일 동안 친구들도 만나지 않고, 하다못해 사랑하는 부모님조차 한 번도 찾아뵙지 않고 시험 준비에만 몰두했다.

불필요하다고 생각되는 시간도 최대한 줄였다. 공무원시험을 준비하느라 독서실에 다닐 때 나와 함께 공부하던 사람들은 대부분 아침 8시나 9시부터 밤 10시까지 공부했다. 그들보다 늦게 시작한 나는 좀더 공부할 수 있는 시간을 확보해야 했다. 우선 아침 6시 30분부터 공부를 시작했다. 잠자는 시간을 줄여 다른 사람보다 아침 공부시간을 1시간 30분에서 2시간 30분가량 확보한 셈이다.

점심 먹는 시간도 반으로 줄였다. 보통 다른 사람들은 1시간 정도 여유를 두고 밥도 먹고 담소도 나누는데, 나는 30분 만에 식사를 마치고 다시 공부를 시작했다. 공부하는 중간에 쉬면서 차를 마시거나 담소를 나누는 시간도 버렸다. 보통 그 시간이 족히 1시간은 되는데, 그 시간을 버리자 공부할 여유가 1시간 더 확보되었다. 마지막으로 잠자는 시간은 12시에서 새벽 2시로 늦추어, 그 시간 동안 공부에 매진했다.

결과적으로 남들보다 하루에 5시간 30분에서 6시간 30분을 더 공부할 수 있었다.

처음 공부를 시작할 때만 해도 두 달도 채 안 되는 기간 동안 합격할 수 있을지 반신반의했다. 비슷한 선례가 있다는 것을 확인했는데도 과연 가능할지 조금은 불안했다. 하지만 불필요하게 낭비되는 시간을 최대한 버리자 시간이 한결 넉넉해졌다. 내게 주어진 두 달은 두 달이 아닌 넉 달이나 다름없는 시간이었다. 게다가 그 시간을 남들보다 두 배, 세 배 몰입해 공부하니 두 달 동안 공부한 양이 다른 수험생들 6개월 정도 공부한 양과 거의 맞먹을 정도였다.

나뿐만 아니라 차근차근 꿈을 이루어가는 사람들은 대부분 버리는 것에 익숙하다. 시골의사로 유명한 박경철 씨도 그렇다.

그의 이력은 화려하다. 의사이면서도 경제전문가 못지않은 해박한 경제지식을 바탕으로 경제평론가로도 활동한다. 어디 그뿐인가. 바쁜 와중에도 주옥같은 책도 많이 집필하고 칼럼도 많이 쓴다. 몸이 10개라도 모자라 보일 정도로 여러 가지 일을 동시다발적으로 한다. 그렇다고 어느 일 하나 소홀한 법이 없다. 의사로도, 경제평론가로도, 베스트셀러 작가로도, 칼럼니스트로도 그는 완벽하다.

그가 일인다역을 훌륭히 소화할 수 있는 비결은 '버림과 비움'에 있다. 그는 2000년 0시를 기해 술, 담배, 골프, 유혹, 도박을 끊었다. 시간과 건강을 훔쳐가고, 몰입할 수 있는 정신력을 와해시키는 다섯 가지를 끊으면서 그는 한꺼번에 여러 가지 일을 할 수 있는 시간을 벌었다.

어떤 꿈을 꾸든 버리고 비우면 꿈을 이룰 시간이 넉넉해진다. 내가 20대 때 계획했던 대로 10년마다 새로운 꿈을 꾸고 이룰 수 있는 것도 다 꿈을 방해하는 요인들을 버렸기 때문이다. 하루 6, 7시간씩 자던 잠을 줄여 하루 4시간만 자면서 '일찍 일어나는 새'로 생활해온 지도 벌써 20년 가까이 되었다. 그런 노력이 있었기에 두 개의 꿈을 이루고 5년도 채 안 되어 40대 꿈을 거의 이루고, 50대 꿈을 앞당길 수 있으리라 생각한다.

성공이 아닌
성장을 꿈꾸어라

40대가 되기 전까지만 해도 나는 '성공'을 꿈꾸었다. 하루 4시간씩 자면서 남들보다 두 배, 세 배 노력했던 것도 성공하고 싶은 욕심 때문이었음을 부인하지 않는다. 내게 꿈을 이루는 것은 곧 성공이었다. 20대 때 그냥 비보이를 꿈꾼 것이 아니라 최고의 비보이를 꿈꾸었고, 30대 때는 안정적인 공무원에 만족한 것이 아니라 가장 일 잘하는 열정적인 공무원을 꿈꾸며 살았다. 40대에 접어들어 본격적으로 강사의 꿈을 꿀 때도 마찬가지였다. 그냥 강사가 되고 싶었던 것이 아니라 최고의 명강사로 성공하고 싶었다.

하지만 어느 순간 '성공'을 쫓는 내가 마냥 행복하지만은 않다는 생각이 들었다. 성공하고 싶은 이유는 사람마다 다르겠지만 행복하게 살고 싶어 성공을 꿈꾸는 사람들이 많을 것이다. 그런데 성공을 꿈꾸면서 행복하지 않다면 '성공'이라는 목표를 수정해야 한다는 데 생각이 미쳤다. 성공이 아니라면 뭘까? 고민 끝에 얻은 해답이 '성장'이다.

빨리 가려면 성공을, 오래 가려면 성장을

사실 성공의 기준은 애매하다. 사람마다 저마다 생각하는 성공의 기준이 다르기 때문에 보편적인 성공의 기준을 만들기란 불가능하다. 그렇지만 성공에는 비교적 분명한 목표치가 있다. 예를 들어 내 경우 강사로 성공하려면 최소한 연봉은 어느 수준 이상이어야 한다는 기준이 있었다.

성공을 위한 분명한 목표를 세우면 꿈을 이루는 데도 도움이 된다. 막연히 꿈꿀 때보다 구체적인 목표를 설정하고 노력하면 꿈을 이룰 가능성이 커지는 것도 사실이다. 하지만 부작용도 있다. 도달해야 할 분명한 목표치가 있을 경우 그 목표치를 달성했을 때는 성취감을 느끼고 다음 목표치를 향해 전진할 수 있는 힘을 얻지만 목표치에 도달하지 못했을 때는 상황이 다르다. 실패했다는 생각에 쉽게 좌절하고 지쳐 다음 목표를 향해 갈 힘을 잃는다.

전문 강사가 되기 위해 처음 서울에 올라왔을 때 너무나 힘들었다. 처음부터 단박에 성공할 것이라고는 생각하지 않았지만 자리 잡기가 그렇게까지 어려우리라고는 생각하지 못했다. 그도 그럴 것이 30대 때 이미 강사가 되기 위한 많은 준비를 차근차근 해왔기 때문에 성공의 기준에는 미치지 못하지만 적어도 성공적인 시작을 위한 기준 정도는 충분히 달성할 수 있을 줄 알았다.

하지만 기대와는 달리 강연 요청이 들어오지 않았다. 강연은 곧 수입이다. 서울에 올라올 때 주머니에 든 돈이 90만원에 불과했다. 사정이 있었다. 10년 동안 공무원으로 일하고 받은 퇴직금이 3천만원이 조금 넘었다. 그 돈을 고스란히 그동안 고생한 아내에게 줄 생각이었다. 맞벌이가 아닌 외벌이였고 가뜩이나 공무원 월급이 적은데, 무리해서 집을 사는 바람에 아내는 내내 빚에 허덕이며 살아야 했다. 퇴직금으로 빚을 다 갚을 수는 없었지만 그래도 상당 부분 빚을 덜고 마음 편히 살 수 있다며 아내는 좋아했다.

아내의 소박한 기대는 곧 산산조각이 났다. 퇴직 후 2주 만에 통장에 퇴직금이 입금되었는데 퇴직금을 찾을 수가 없었다. 마이너스통장이 발목을 잡은 것이다. 공무원으로 일하면서 강사가 되기 위한 준비를 병행했는데, 그러자니 돈이 많이 들었다. 쥐꼬리만한 월급을 건드릴 수는 없었다. 그래서 고민 끝에 아내 몰래 마이너스통장을 개설해 책, 교육, 강연, 세미나, 워크숍, 동호회 활동 등 자기계발에 필요한 비용을 충당했는데, 5년쯤 지나자 1,500만원 한도가 다 찼다. 어쩔 수 없이 퇴직금과 재직을 담보로 1,500만원짜리 마이너스통장을 하나 더 만들었더니 퇴직

할 즈음 빚이 3천만원에 달했다.

마이너스통장이 꽉 차 있다는 것은 이미 알고 있었다. 그래도 공무원을 그만두기 전에 마이너스통장을 갱신해두어 1년 정도는 여유가 있을 줄 알았다. 퇴직금은 아내에게 주고 1년 동안 열심히 하면 충분히 3천만원을 갚을 수 있으리라 계산했다. 그런데 은행에서는 공무원의 재직에 따른 신용을 담보로 마이너스통장을 만든 것이어서 공무원 자격이 상실되면 바로 갚아야 한다고 했다. 생각하지도 못한 결과에 정신이 멍했다. 타격이 컸지만 어쩔 수 없이 퇴직금을 그대로 마이너스통장으로 대출받은 돈을 갚는 데 써야만 했다. 결국 공무원 10년 동안 남은 것은 퇴직증명원과 퇴직금 정산하고 남은 100만원이 전부였다. 허탈하고 암담했다. 그 일로 아내는 한동안 우울증에 빠져 지냈다.

사정이 그러하니 90만원이라도 들고 서울에 올라올 수 있었던 것도 고마운 일이었다.

비록 수중에 90만원밖에 없었지만 처음에는 크게 걱정하지 않았다. 일주일에 한두 번만 강연을 해도 내가 거주하는 오피스텔 임대료와 집에 보낼 생활비 정도는 충분히 벌 수 있다고 생각했다. 오피스텔 임대료가 60만원이었고, 아내에게 강사 첫 해에는 월 250만원을 주겠다고 했으니 내 생활비까지 포함해 매달 최소한 350만원 이상은 벌어야 했다.

그런데 처음 예상한 것과는 달리 강연은 들어오지 않았다. 가지고 있는 여윳돈이 없는 상태여서 처음에는 현금서비스로 버텼고, 그래도 상황이 좋아지지 않아서 급기야 카드깡으로 돈을 마련해 집에 생활비를 보낸 적도 있었다. 시간이 지날수록 350만원의 압박감은 점점 더 커졌다. 350만원은 첫 강사 생활의 성공 여부를 가늠하는 기준이나 마찬가지였다. 350만원을 벌지 못하면 강사의 꿈도 불투명해질 수 있다는 불안감이 나를 짓눌렀다.

강연이 들어오기 시작하고 수입이 조금씩 늘어도 350만원이 주는 압박감은 여전했다. 분명 지난달보다 강연도 늘고 수입이 늘었어도 350만원에 미치지 못하면 실패한 듯한 느낌이 들었다. 왜 열심히 해도 목표치에 빨리 도달하지 못하는지 속이 상했다. 그러면서 조금씩 지쳐갔다.

시작한 지 몇 달도 안 돼 지쳐가는 나를 보면서 많은 생각을 했다. 성공을 목표로 했을 때는 목표치에 도달하지 못하면 아무것도 한 것이 없다는 느낌이 들었다. 하지만 비록 목표 달성은 하지 못했어도 분명 발전했다. 350만원에는 미치지 못했지만 지난달에는 250만원을, 이번 달에는 300만원을 벌었다. 이런 추세라면 다음달에는 350만원을 충분히 벌 수 있다고 생각하니 마음이 편해졌다. 어제보다 오늘이, 오늘보다는 내일 더 나은 모습으로 성장했다면 그것만으로도 기뻐할 이유는 충분했다.

이제 나는 성공보다 성장을 더 먼저 이야기한다. 더 이상 나는 성공의 기준을 세우고 그 기준에 목매지 않는다. 설령 분명한 목표를 두고 달려갈 때보다 속도가 늦더라도 성장을 꿈꾼다. 그래야 지치지 않고 오래, 멀리 갈 수 있다고 믿기 때문이다.

성장이
성공을 부른다

지치지 않고 꿈을 꿀 수 있도록 성장과 성공을 굳이 구별했지만, 사실 성장과 성공은 별개의 것이 아니다. 매일 조금씩이라도 꾸준히 성장하면 결국 성공한다. 성장의 속도에 따라 성공하는 시간이 차이가 날 뿐 언젠가는 성공할 수밖에 없다.

내게는 눈에 넣어도 아프지 않을 예쁜 딸이 있다. 원래 딸은 쌍둥이었다. 임신 7개월이 채 안 되었을 때 아내가 임신중독증으로 종합병원에 입원했는데 상황이 좋지 않아 응급수술을 했다. 예정일보다 너무 빠르게 나온 탓에 엄마 배 속에서 다 자라지 못해 두 아이 모두 1킬로그램 미만의 초미숙아로 태어났다. 960그램의 몸무게로 늦게 태어난 동생은 태어나자마자 채 이름도 지어주지 못했는데 가슴 아픈 이별을 해야 했다.

840그램으로 태어나 살아남은 딸의 상태는 최악이었다. 병원에서는 아이가 살 가능성이 희박하다며 고개를 절레절레 저었다. 인큐베이터 안에서 힘겹게 숨 쉬며 살려고 안간힘쓰는 아기를 보면서 우리 부부는 기도했다. 제발 살려만 달라고.

간절함이 하늘에 닿았는지 딸은 수많은 고비를 넘기고 살았다. 하지만 흔적이 남았다. 너무 일찍 세상에 나오는 과정에서 충분한 산소가 뇌에 공급되지 못했는지 막내딸은 학습능력이 또래 아이들에 비해 조금 떨어진다. 일상적인 생활을 하는 데는 큰 문제가 없지만 공부하는 데는 문제가 있다. 새로운 지식을 이해하고 받아들이는 속도가 몹시 느리다. 당연히 성적도 좋지 않다. 초등학교 때부터 거의 꼴찌를 도맡아 하고 있다.

우리 아이들을 보면 같은 아빠, 한 뱃속에서 태어난 아이들이 어쩌면 이렇게 다를 수가 있나 싶다. 큰애는 초등학교 때부터 고등학교를 졸업할 때까지 상위권을 놓친 적이 없다. 고등학교 때는 내로라하는 수재들만 모인다는 과학고에서 수석으로 졸업했다. 반면 막내아들은 딱 중간이다. 더 위로 올라가지도 밑으로 내려오지도 않고 소신 있게 중간을 유지하고 있다. 앞에서 이야기했듯이 딸은 끝에서 1등이다.

태어나자마자 생사를 넘나들었던 딸인지라 꼴찌를 해도 예쁘기만 하다. 다시는 아프지 않고 건강하게만 자라면 더 이상 소원이 없다. 감사하게도 아주 느리지만 딸은 꾸준히 조금씩 성장하고 있다. 날이 갈수록 몸도 점점 튼튼해지고, 학습능력도 조금씩 성장하고 있는 듯하다.

딸의 꿈은 교사다. 엄마 같은 선생님이 되어 자신과 같은 아이들을 보살피고 성장시키는 일을 하고 싶어한다. 현재 딸의 성적으로는 불가능한 꿈처럼 보일 수 있다. 하지만 지금처럼 계속 성장한다면 불가능할 것도 없다. 교육대학에 진학하고 졸업하는 데 남들보다 몇 배의 시간이 걸릴 수도 있지만 성장을 포기하지 않는다면 문제될 것이 없다.

거북이걸음으로 느릿느릿 간다 해도 언젠가는 나처럼 꼭 꿈을 이룰 수 있을 것이다. 그때까지 나는 든든한 지원군 역할을 하며 내 딸이 성장을 계속해 꿈을 이룰 수 있도록 응원할 생각이다.

진정한 성공은 성장을 통해 이루어진다. 성공이 결과라면 성장은 과정이다. 성공만을 목표로 한다면 과정이 행복하지 않음은 말할 것도 없고, 과정이 왜곡될 수 있다. 수단과 방법을 가리지 않고 오직 성공만을 목표로 돌진해 이루어낸 성공이 과연 의미가 있을까? 상처뿐인 영광처럼 그렇게 이루어낸 성공은 뒷맛이 개운치가 않다. 성장이 부른 성공은 다르다. 시간이 걸려도 과정이 행복하기 때문에 성공의 열매가 더욱 달다.

꿈과 꿈이 만나면
'퍼스널 브랜드'가 생긴다

20대 비보이, 30대 공무원, 40대 강사……

얼핏 보면 공통점이 없어 보인다. 나도 처음에는 이전 직업이 다음 직업에 어떤 형태로든 도움이 될 것이라고 미처 생각하지 못했다. 모두가 나처럼 10년마다 새로운 직업으로 바꿀 필요는 없지만 나는 가능한 한 다양한 직업을 경험해보고 싶었다. 그만큼 다채로운 꿈을 꾸며 재미있게 살고 싶은 욕구가 강했다.

하지만 10년마다 직업을 바꾸면서 미처 예상하지 못했던 사실을 깨달았다. 신기하게도 전혀 상관없을 것 같은 직업들이 서로 연결되었다. 그러면서 시너지 효과가 났다. 전혀 다른 직업들이 결합되자 그 효과는 비슷한 직업끼리 연결되었을 때보다 훨씬 강력했다. 그 누구도 쉽게 흉내 낼 수 없는 나만의 퍼스널 브랜드가 저절로 생겼다.

새로운 꿈들이 결합할수록
시너지도 커진다

공무원 때, 내가 가장 많이 들었던 말이 "공무원 같지 않다"는 것이었다. 좋은 뜻에서 한 말이지만 그 말을 들을 때마다 본의 아니게 다른 공무원들에게 피해를 입힐까 조심스러웠다. 나만 열심히 일하는 것이 아니라 나 못지않게 최선을 다해 열심히 일하는 공무원들이 많았기 때문이다. 그럼에도 대부분의 사람들은 공무원이 고리타분하고, 보수적인 사람이라 생각한다. 도전을 즐기기보다는 현실에 안주하며 주어진 일만 하는 사람으로 여긴다. 그런 편견이 나를 특별한 공무원으로 생각하게 만든 것 같다.

내가 일하는 스타일은 일반적인 공무원과 조금 다르기는 했다. 내 일도 아닌데 다른 부서 일들까지 관심을 갖고 참여하거나 굳이 누가 시킨 일도 아닌데, 스스로 일을 만들어 한 경우도 많았다. 그중 하나가 폐교 대상이었던 학교를 살린 일이다.

공무원시험에 합격한 후 처음 2년 동안은 학교 행정실에서 근무했다. 첫해인 1999년에는 장수 산서고등학교에서, 그 이듬해인 2000년 3월부터 2001년 7월까지 부안 백련초등학교에서 근무했는데, 두 번째 근무지였던 학교가 폐교 위기에 처한 적이 있다. 지금도 그렇지만 그때도 시골에 있는 학교의 학생 수는 계속 줄고 있었다. 정상적으로 학교를 운영하기도 어려울 정도로 학생 수가 줄자 폐교를 검토했는데, 그냥 보고만 있을 수는 없었다. 비록 학생 수는 적었지만 50년 이상의 역사를 자랑하는 지역의 소중한 학교였다.

학교를 살리기 위해 교직원들 모두 심혈을 기울여 학교를 살리려는 노력에 동참했다. 비록 학생들을 직접 가르치지 않는 교육행정공무원임에도 불구하고 학교와 학생들을 사랑하는 마음만은 선생님들보다 더 뜨거웠다. 학교를 다시 살리기 위한 아이디어와 이를 실행할 수 있는 기획안을 주도적으로 만들어 교육청에 올렸다. 왜 폐교해서는 안 되는지, 학교를 살릴 수 있는 방안들을 정리해 올렸는데, 다행히도 결과가 좋았다.

이후 2000년 11월, 백련초등학교는 농어촌 이동 체험학습 시범 운영 학교로 지정되었고, 그 일을 계기로 나 또한 2001년 12월 '신지식 공무원'에 선정되었다. 옆에서 지켜보셨던 학교 선생님들이 적극적으로 신지식 공무원으로 추천해준 덕분이다. 선생님들보다 학생들과 학교를 사랑하고 교육에 대한 더 뜨거운 열정을 가진 공무원으로 추천해주었다. 그리고 마침내 2002년 9월 25일, 백련초등학교는 신지식학교로 선정되었고, 현재는 지역의 자연과 문화를 대표하는 학교가 되어 있다.

일에 대한 열정도 나를 특별한 공무원으로 만들었지만 사실 나를 더 특별하게 만들어준 것은 '춤'이었다. 직업으로 춤을 추지는 않았지만 공무원이 되어서도 춤을 놓지 않았다. 개인적으로 취미 삼아 춤을 추기도 했고, 사내 강의를 할 때 청중의 관심을 집중시키기 위해 강의를 시작하기 전에 춤을 추었다. 그러면서 유명세를 탄 2008년 2월에는 KBS 〈아침 마당 전북〉에 출연하기도 했다. 일도 잘하고 춤도 잘 추면서 즐겁고 젊 게 사는 공무원으로 인정받은 것이다.

40대 때 강사가 된 후에는 비보이, 공무원의 경험이 더해져 더욱 시너 지 효과가 났다. 강사는 단숨에 청중을 사로잡는 힘을 갖고 있어야 한다. 청중을 자신에게 몰입시키지 못하면 말하는 그나 듣는 사람도 고역일 수 밖에 없다. 그나마 수십 명을 앞에서 강연할 때는 괜찮다. 수백 명의 청중 을 앞에 두고 할 때는 집중시키지 못하면 그야말로 강연장은 산으로 간다.

공무원 시절, 사내 강의를 할 때도 효력을 실감했지만, 청중을 몰입시 키는 데 춤만큼 강력한 것은 없다. 청중들이 산만할 때 내가 자주 사용하 는 방법이 있다. 시작하기 전에 불을 끄고 비트가 있는 음악을 크게 틀어 놓는다. 사람들이 어리둥절해하는 동안 불이 켜지면서 내가 등장한다. 화려하게 춤을 추면서. 이렇게 하면 청중이 30명이든, 100명이든, 천 명 이든 단숨에 집중한다. 이후 강사와 청중이 몰입해 순조롭게 진행된 것 은 두말할 것도 없다.

꼭 춤을 추지 않더라도 내 강연은 한편의 드라마를 보는 듯하다는 말 을 많이 듣는다. 액션도 많고 목소리 톤도 다양하기 때문에 그런 것 같 다. 연단에 서서 움직이지 않고 같은 톤으로 말하면 내용이 아무리 좋아 도 지루하다. 그래서 나는 부지런히 움직이며 사람들과 눈을 맞추고 마 치 노래를 부르듯 다양한 톤으로 하려고 노력한다. 20대 때 무대 위를 종횡무진하며 춤을 추었던 경험이 여러모로 강연하는 데 도움 된다.

강연을 잘하는 강사들은 많다. 하지만 춤 강연이 아닌 일반 강연을 전문 춤꾼 못지않은 실력으로 춤을 추면서 할 수 있는 강사는 현재로서는 내가 유일하다. 20대 때 비보이를 했던 경험이 나만의 독특한 퍼스널 브랜드를 만들어 준 것이다.

30대 때 공무원으로 일한 경험도 차별화된 나만의 강연을 하는 데 많은 도움이 된다. 공무원으로 일하면서 사내 강의를 할 때는 주로 엑셀 수업을 했다. 연수원 규정상 실무 경력과 직급이 낮은 9급 공무원은 연단에 나설 수 없는데, 규정에 예외 조항을 두면서까지 내게 강의를 의뢰했다. 이유는 단 하나, 나만큼 현장에서 필요한 실무 엑셀을 잘 알려줄 사람이 없었기 때문이다.

엑셀 기능을 귀신같이 잘 할 수 있는 강사는 많다. 하지만 그런 강사는 주로 기능과 함수 위주로 엑셀을 가르친다. 엑셀을 배우는 이유는 실무에 바로 적용해 업무를 효율적으로 처리하기 위해서다. 따라서 기능과 함수 자체를 배우는 것보다 어떻게 실무에 적용하는지를 배울 수 있어야 하는데, 그것을 가르쳐줄 수 있는 실무 강사는 그리 많지 않다.

내 강의가 인기를 끄는 이유는 바로 실무에 바로 적용할 수 있도록 했기 때문이다. 공무원들은 주로 보고서를 잘 쓰기 위해 엑셀을 배운다. 보고서를 잘 쓰려면 데이터 분석을 잘해야 한다. 자연히 엑셀도 함수보다는 데이터 분석에 필요한 방법을 배워야 하는데, 이는 실무를 완벽하게 파악한 사람만이 가르쳐줄 수 있다.

나는 강의할 때 학원 강의처럼 함수부터 가르치지 않는다. 엑셀은 함수가 전부라고 말하는 사람들도 있지만 엑셀 안에는 함수를 직접 쓰지 않고도 버튼 몇 개만을 눌러 자동으로 데이터 분석 보고서를 쓸 수 있게 해주는 기능이 많다. 그 기능들은 실무를 직접 하면서 몇날 며칠 밤을 새며 일해보지 않으면 알기 어렵다.

실무를 통해 터득한 엑셀 기능을 알려주면 탄성이 세 번 나온다. 처음에는 엑셀에 그런 기능이 있다는 것에 대한 놀라움의 탄성이고, 두 번째는 그 기능을 몰라 엑셀 문서 작업할 때마다 애만 태웠다는 것에 대한 후회의 탄성이고, 마지막으로 그것을 몇 년째 해왔고 바로 어제까지도 그렇게 했던 자신에게 화가 나서 내는 신음에 가까운 탄성이다.

지금도 내 엑셀 수업은 인기가 많다. 진행하고 있는 교육 과정들이 많아 엑셀 강의를 줄이고 있는데도 끊임없이 연락이 온다. 예나 지금이나 실무를 겸비한 엑셀 강사가 부족해서 그런 것 같다. 스킬 업 강의로 엑셀뿐만 아니라 파워포인트, 기획 보고서, 스마트 워킹 등도 하는데, 다 공무원 시절 다양한 업무 경험을 했기 때문에 가능한 일이다.

20대 비보이, 30대 공무원의 꿈이 40대 강사와 결합하면서 시너지 효과는 두 배, 세 배로 커졌다. 아마도 50대, 60대 꿈을 이룰 때는 이전의 꿈들이 더 많이 결합하면서 더 큰 시너지를 낼 것으로 기대된다. 서로 연관이 없어 보이는 꿈일수록 결합했을 때의 시너지 효과는 더 크다. 지금 당장은 효과를 짐작하기 어렵지만 다양한 꿈을 꾸다 보면 저절로 알게 될 것이다. 아무리 다른 꿈이라도 꿈과 꿈이 만나면 자기만의 퍼스널 브랜드가 좀더 쉽게 만들어진다는 것을 말이다.

융합이
경쟁력이다

현대는 융합의 시대다. 융합은 영어로 convergence인데, 이는 여러 기술이나 성능이 하나로 통합하는 것을 말한다. 과학이 발달하면서 수없이 많은 새로운 기술이 개발되었다. 지금도 여전히 최첨단 신기술들이 개발되고는 있지만 요즘은 신기술 개발보다는 기존 기술들을 서로 융합하는 것을 중요시한다. 그도 그럴 것이 이미 기술은 발달할 대로 발달해 완전히 새로운 신기술을 개발하기는 어렵다. 새로운 신기술을 개발하기 위해 투자하는 시간에 이미 있던 서로 다른 기술을 융합하면 신기술 못지않은 효과가 나는데 굳이 신기술에만 목을 맬 필요가 없다.

융합의 결과는 상상을 초월한다. 대표적인 융합의 결과물 중 하나가 스마트폰이다. 휴대전화와 인터넷 기술이 융합해 탄생한 스마트폰은 일대 혁명 같은 변화를 불러왔다. 스마트폰은 생활과 문화의 중심으로 자리 잡았다. 텔레비전도, 책도 스마트폰으로 보고, 인터넷 검색도, 메일을 주고받는 것도 스마트폰으로 한다. 사람들과의 소통도 스마트폰을 통해 주로 한다.

기술만 융합되는 것이 아니다. 지식도 융합을 원한다. 지식 융합은 다른 말로 '통섭'이라 부른다. 통섭은 '큰 줄기를 잡다'라는 뜻으로, '서로 다른 것을 한데 묶어 새로운 것을 잡는다'는 의미다. 예를 들어 인문학과 사회과학을 통합하고, 인문학과 자연과학을 통합하는 것처럼 서로 독립적인 학문을 통합해 새로운 것을 창출하는 것을 의미한다.

융합의 시대, 통섭의 시대가 되면서 시대가 요구하는 인재상도 달라졌다. 예전에는 한 우물만 판 전문가가 각광받았다. 이것저것 다 하는 팔방미인보다는 한 가지를 확실하게 하는 전문가를 더 높이 평가했다. 그렇게 보면 나는 전문성이 부족한 강사로 볼 수도 있다.

나는 한 분야만 강의하는 강사가 아니다. 강의는 크게 기술을 알려주는 스킬 업 강의와 동기부여와 리더십처럼 마인드를 움직여야 하는 마인드 업 강의 두 가지로 나뉜다. 나는 기획, 엑셀 데이터 분석, 보고서 만들기, 파워포인트, 창의력, 문제 해결, 스마트워크 등을 가르치는 스킬 업부터 자기계발, 리더십, 동기부여, 변화, 퍼스널 브랜드 등의 마인드 업까지 두루두루 다 진행하고 있다.

10년 동안의 공직 생활을 통해 실무에 필요한 대부분의 스킬을 모두 마스터했기 때문에 스킬 업 강의는 처음부터 자신 있었다. 하지만 마인드 업 강연은 전혀 해보지 않았던 분야여서 할 생각을 하지 않았다. 동기부여나 리더십 강연은 전문 과정을 거친 사람만이 할 수 있다고 생각했다. 그러던 중 엑셀 강의를 들었던 사람이 리더십 강연을 부탁했다. 내가 할 수 있는 분야가 아니라고 정중하게 거절했다. 그는 엑셀 강의를 들어 보니 내 삶의 경험이 동기부여에 도움 되고, 내 스스로 셀프 리더십을 발휘해 삶을 주도적으로 이끌어왔기 때문에 얼마든지 할 수 있다며 독려했다.

어렵게 수락해 마인드 업 강연을 했는데 반응이 좋았고, 이후 마인드 업 강연까지 분야를 확대하게 되었다.

나처럼 여러 분야의 일을 하는 강사도 드물다. 그럼에도 이것저것 닥치는 대로 하는 강사가 아니라 자신만의 독특한 브랜드를 가진 강사로 인정받는 이유는 전문성이 있기 때문이다. 여러 가지를 다 어설프게 하면 아마추어로 취급받지만 여러 분야를 제대로, 깊이 있게 다 잘하면 오히려 융합의 시대에 걸맞은 새로운 인재로 인정받는다.

다양한 경험과 지식을 갖고 있다는 것만으로도 충분히 가치가 있지만 경험과 지식을 융합하면 퍼스널 브랜드의 가치가 더욱 커진다. 2013년 말, 내 다양한 스킬 업 강의를 융합할 수 있는 기회가 있었다. 이러닝 전문 기업인 M사에서 OA 스킬 업 이러닝 과정을 만든다며 도움을 청했다. 기획, 보고서, 엑셀, 파워포인트로 분야를 나누어 강의를 진행할 계획인데, 그중 보고서 파트를 맡아달라고 했다.

실무자라면 누구나 기획하고, 기획한 내용을 보고서로 만들어 보고하고, 좀더 일목요연한 보고서를 만들려면 엑셀과 파워포인트는 기본적으로 다룰 수 있어야 한다. 협업 프로젝트를 제외하면 하나의 프로젝트를 서로 다른 사람이 하는 경우는 거의 없다. 각각의 역량이 부족해서 어설프더라도 한 사람이 이 네 가지 업무를 한꺼번에 처리하는 경우가 대부분이다. 그래서 과정을 기획한 담당자에게 이러닝 전 과정을 한 명이 총괄하는 'One-person, One-process, Mulity-player' 콘셉트로 새롭게 수정해보는 것이 어떻겠느냐고 제안했다.

"대부분의 실무자는 혼자서 네 가지 업무를 다 해야 하는 경우가 많습니다. 기획하는 사람이 엑셀을 하는 사람에게 자료를 만들어줄 것을 부탁할 수도 있지만 그렇게 해서는 일이 매끄럽지 않습니다. 한 사람이 '데이터 분석 → 기획 → 보고서 작성 → 보고 → 프레젠테이션 문서 작성 → 프레젠테이션'의 모든 과정을 하나의 프로세스로 진행하는 멀티플레이어가 대부분인데, 왜 강의는 여러 명의 강사가 진행해야 하나요? 강사도 실무자처럼 'One-person, One-process, Mulity-player'를 할 수 있어야 하지 않을까요?"

각 과정을 다른 강사들이 하면 지식의 융합은 들은 사람이 스스로 해야 한다. 처음으로 강의를 들은 사람이 혼자서 엑셀을 기획과 연결시키고, 파워포인트와 연결시키는 일은 쉬운 일이 아니다. 강사가 융합의 방법까지 알려주어야 마땅하다. 기획자는 크게 공감했다. 결국 담당 팀장과의 미팅에서 왜 스킬 업의 융합이 가능한 사람이 강의를 다 해야 하는지를 브리핑했고, 마침내 28회에 이르는 이러닝 전 과정을 내가 원하는 콘셉트로 진행할 수 있었다.

만약 내가 엑셀만 강의할 수 있는 강사였다면 업무스킬의 융합은 생각하지도 못했을 것이다. 비즈니스 스킬 업 과정의 한 파트를 맡은 강사에 머물렀겠지만 다행히 나는 다양한 실무를 경험했다. 그 경험과 지식을 융합해 아무나 할 수 없는 스킬 업 전 과정을 혼자 소화할 수 있는 대한민국 최초, 최고의 비즈니스 스킬 업 전문 강사로 자리 잡을 수 있었다.

현대사회에서 자신의 능력을 얼마만큼 융합할 수 있는가는 아주 중요하다. 융합하려면 한 가지 경험만으로는 안 된다. 다양하게 경험하는 것이 중요하다. 다양한 꿈을 꾸면서 새로운 경험을 많이 하면 그만큼 융합할 수 있는 자양분이 많아지고, 융합함으로써 자기만의 차별화된 경쟁력을 갖출 수 있다. 그만큼 꿈을 이루기도 쉬워짐은 말할 것도 없다.

브랜드의 가치는
다른 사람이 정한다

자기만의 브랜드는 스스로 만드는 것이지만 브랜드의 가치는 내가 정하는 것이 아니다. 제대로 가치를 인정받기 위해 여러 가지 노력은 할 수 있지만 결국 가치는 내 브랜드를 필요로 하는 사람이 정한다. 아무리 명품 브랜드를 간절하게 꿈꾸어도 아무도 인정해주지 않고 찾지 않는다면 명품 대접을 받을 수가 없다.

비보이의 경험과 공무원 때 익힌 실무 경험을 더해 강사로서 나만의 브랜드가 생기면서 내게 강의와 강연을 요청하는 곳이 많아지기 시작했다. 요청이 늘어나는 것만으로도 고마운데, 알아서 내 브랜드 가치를 높게 평가해 나를 감동시킨 곳이 많다. 대표적인 곳이 S기업과 I공사다.

원래 S기업 강의는 한 번만 하고 끝나는 일정이었다. 하지만 처음 그곳에서 강연한 후 그해 계속 요청해 15차까지 강의를 했다. 교육 담당자가 열심히 계획을 세워 기라성 같은 강사를 초빙해도 시큰둥하던 교육생들이 내 강의에는 반응을 보였다. 독특한 이력과 다양한 꿈을 꾸고 이루려고 노력하는 내 이야기가 공감을 불러일으켰던 것 같다.

강의 평가가 좋게 나오자 계속 요청했고, 강의료도 알아서 올려주었다. 구체적인 액수는 밝히기 어렵지만 굳이 올려달라고 하지 않았는데도 내 강의를 인정해 브랜드 가치를 높여준 것이다. 꿈을 하나씩 이루어가면서 나만의 퍼스널 브랜드가 탄탄하게 만들어지는 것을 보는 것도 즐겁지만 남들이 내 브랜드 가치를 인정해줄 때는 짜릿한 희열을 느낀다.

좋은 습관 10개만 있으면
꿈을 이룬다

《성공하는 사람들의 7가지 습관》이라는 책이 있다. 2003년에 출간된 후 10년이 지난 지금까지 사랑받는 책이다. 나 또한 오래 전에 이 책을 읽고 깊은 감명을 받았고 지금도 가끔 다시 읽으며 공감한다.

아무리 능력이 뛰어나더라도 단숨에 성공을 이룰 수는 없다. 오랜 시간 꾸준히 노력해야 비로소 성공의 여신이 환한 미소를 보낸다. 그래서 습관이 중요하다. 어쩌다 한두 번은 의식적으로 성공하기 위해 노력할 수 있지만 시간이 길어지면 어려워진다. 의지도 약해지고 몸도 귀찮아져 흐지부지되기 십상이다. 하지만 습관이 되면 다르다. 머릿속으로 의지를 다지며 애쓰지 않아도 몸과 마음이 기억하고 움직인다. 자기도 모르는 사이에 저절로 성공하는 데 도움 되는 생각과 행동을 하니 성공하기가 그만큼 쉬울 수밖에 없다.

꿈도 그렇다. 꿈을 꾸는 것도 습관이고, 꿈을 이루는 것도 습관이다. 꿈을 이루고 싶다면 꿈을 이루는 데 도움 되는 좋은 습관을 갖도록 노력해야 한다. 좋은 습관이 10개만 확실히 있어도 꿈은 이루어진다.

꿈을 방해하는
나쁜 습관부터 고쳐라

사람들에게 어떤 좋은 습관을 갖고 있느냐고 물으면 선뜻 대답하지 못한다. 반면에 스스로 문제라고 생각하는 나쁜 습관이 무엇이냐고 물으면 기다렸다는 듯이 줄줄 늘어놓는다. 자신이 가진 좋은 습관은 한두 가지도 꺼내지 못하면서 나쁜 습관은 100가지라도 이야기할 수 있을 것 같은 태세다.

원래 좋은 습관은 만들기 어려워도 나쁜 습관은 만들기가 아주 쉽다. 인간의 속성이 애초부터 편한 것을 좋아하고, 유혹에 약하기 때문에 그렇다. 편한 것을 마다하고 좋은 습관을 만들기 위해 불편함을 감수하기란 결코 쉬운 일이 아니다.

하지만 꿈을 이루려면 꿈을 방해하는 나쁜 습관을 고쳐야 한다. 좋은 습관을 갖는 것도 중요하지만 나쁜 습관을 고치지 않고서는 꿈을 이루기가 어렵다. 또한 좋은 습관과 나쁜 습관은 동전의 양면과도 같아서 나

뺀 습관을 없애면 자연스럽게 좋은 습관이 생기는 경우가 많다.

우선 자신에게 어떤 나쁜 습관이 있는지부터 살펴보자. 어렵지 않을 것이다. 이미 답은 다 알고 있다. 자신만큼 자신의 나쁜 습관을 잘 아는 사람도 없다. 고쳐야 한다는 것도 잘 알면서 게을러, 귀찮아서 혹은 의지가 약해 고치지 못했을 뿐이다.

사람마다 꿈을 방해하는 나쁜 습관은 제각각 다를 것이다. 나쁜 습관은 하루라도 빨리 없애면 없앨수록 좋지만 혹시라도 다음과 같은 습관이 있다면 서둘러 고치는 것이 좋다. 꿈을 이루는 데 하등 도움이 안 될 뿐만 아니라 점점 꿈에서 멀어지게 만드는 위험천만한 나쁜 습관들이기 때문이다.

우선 비관적으로 생각하는 습관을 고쳐야 한다. 꿈을 이루지 못하는 사람들은 자신을 믿지 못하고 매사 부정적으로 사고한다. 예를 들어 '특별한 사람이나 꿈을 이루지 나같이 보잘것없는 사람이 꿈을 이룰 수 있겠어?'라며 스스로를 비하한다. 무조건 할 수 있다는 초긍정주의자도 문제지만 꿈을 이루어야 할 주체가 스스로를 믿지 못한다는 것은 더 큰 문제다. 혹시라도 자기를 비하하는 나쁜 습관이 있다면 하루라도 빨리 고칠 것을 권한다.

오늘 할 일을 내일로 미루고, 내일 할 일을 모레로 미루는 습관도 꿈을 방해하는 치명적인 나쁜 습관이다. 꿈을 꾸는 것은 머리만으로도 가능하지만 꿈을 이루려면 꼭 행동해야 한다. 행동과 관련된 습관은 너무나도 뿌리가 깊어 쉽게 고쳐지지 않는다. 마음을 다잡았어도 행동으로 옮기기가 어렵다. 그래서 하루, 이틀 실천을 미루다 보면 꿈으로부터 점점 멀어지고 만다.

끝까지 최선을 다하지 않고 쉽게 포기하는 습관이 있다면 이것 역시 꼭 고쳐야 한다. 쉽게 이룰 수 있는 꿈은 없다고 해도 과언이 아니다. 꿈을 향해 가다 보면 수많은 장애물을 만날 수밖에 없는데 그때마다 쉽게 포기하면 꿈을 이룰 수가 없다.

이 밖에도 꿈을 방해하는 나쁜 습관은 수도 없이 많다. 한꺼번에 그 많은 나쁜 습관을 고치기는 어려울 것이다. 서두르지 말고 한 가지씩이라도 확실하게 나쁜 습관을 찾고 그것을 고치다 보면 그만큼 꿈을 이룰 가능성이 커진다.

나만의 좋은 습관
만들기

습관은 특별히 의식하지 않아도 자연스럽게 하게 되는 것을 말한다. 과연 얼마만큼 똑같은 일을 반복하면 습관이 될 수 있을까? 새로운 습관을 몸이 기억하는 데 필요한 최소한의 시간은 약 3주, 즉 21일이다. 3주 동안만 꾹 참고 반복하면 습관이 형성된다. 하지만 좀더 습관이 굳어져 무의식적으로 행해질 정도가 되려면 적어도 두 달 이상이 필요하다.

두 달은 결코 짧지 않은 시간이다. 두 달 동안 습관을 만들기 위해 같은 행동을 반복하다 보면 두 달이 너무나도 길게만 느껴질 것이다. 그래도 두 달 동안만은 의식적으로 좋은 습관을 만들기 위해 노력해야 한다.

개인적으로는 '나만의 좋은 습관 만들기' 캠페인을 할 것을 권한다. 캠페인을 부정적으로 보는 사람들도 많지만 똑같은 일을 캠페인을 벌여 할 때와 그냥 할 때의 결과는 큰 차이가 있다. 아무래도 캠페인을 통해 목적을 분명히 하고 지속적으로, 집중적으로 활동할 때 더 큰 성과가 나기 마련이다. 공무원 시절 수없이 많은 캠페인을 하면서 그 효과를 확인했다.

꿈을 이루는 데 도움이 될 만한 좋은 습관은 적고, 나쁜 습관만 수두룩하다면 습관이 형성되는 최소한의 기간인 두 달을 기한으로 좋은 습관 만들기 캠페인을 벌이면 좋다. 하지만 두 달마다 새로운 습관을 하나씩 만들기란 너무나도 벅찬 일이다. 그래서 나는 1년에 한 가지씩 새로운 습관을 만드는 캠페인을 벌이고 있다. 캠페인 기간을 1년으로 설정할 수 있었던 데는 이미 내게 좋은 습관이 많기 때문이기도 하다.

나만의 좋은 습관 만들기 캠페인을 한 지도 벌써 6년째에 접어들었다. 지난 5년 동안 나는 '일십백천만' 캠페인을 벌였다. '일'은 5년 전 처음 캠페인을 벌였을 때 했던 것으로 '하루에 한 가지씩 좋은 일을 하자'는 내용이다. 도움을 요청하는 메일에 성심성의껏 답변하거나, 도움을 주거나, 상담이나 컨설팅하는 것 모두 좋은 일에 포함된다. 어떤 형태로든 하루에 한 가지씩 좋은 일을 하기로 마음먹었다. 물론 그전에도 사람들을 돕는 것을 좋아했지만 캠페인으로 하니 매일 체크가 되어 더 확실한 동기부여가 되었다.

두 번째 해에는 '하루 열 번 이상씩 웃자'는 캠페인을 벌였다. 일십백천만의 '십'에 해당하는 것으로, 내가 아닌 타인을 위해 웃자는 내용이다. 이 캠페인을 시작하면서 전혀 모르는 타인들을 보면서도 웃으려고 노력했다. 엘리베이터를 타서도 함께 탄 사람에게 웃으며 인사하고, 열 번을 웃지 못한 날은 일부러 오피스텔 경비실이나 청소하는 분들을 찾아가 웃으며 인사하기도 했다. 어색해하는 사람들도 있었지만 환하게 웃는 나를 보며 기분 좋게 따라 웃는 분들이 더 많았다. 내가 웃어 다른 누군가가 기분이 좋아질 수 있다는 것은 늘 즐거운 일이다.

3년째에는 '하루에 100자 이상 쓰자'는 캠페인을 벌였다. 하루 100자 이상 쓰기는 그리 어렵지 않았다. 강의를 듣고 메일이나 문자를 보내는 사람들에게 성심성의껏 답변하다 보면 100자는 우습게 넘는다. 매일 100자씩이라도 쓰다 보니까 자연스럽게 글을 쓰는 데 익숙해졌고, 글 쓰는 실력도 늘었다. 덕분에 책도 쓸 용기를 낼 수 있었다.

4년째 캠페인은 일십백천만의 '천'으로 '하루 1,000자 이상 읽자'는 내용이다. 강의나 강연을 하려면 공부를 많이 해야 한다. 꼭 강사가 아니더라도 끊임없이 학습하면서 자신을 계발하지 않으면 살아남기 힘든 세상이다. 그래서 아무리 바빠도 하루에 1,000자 이상은 읽으려고 노력했다. 읽고 끝나는 것이 아니라 읽고 공부한 내용을 정리해 카카오스토리에 올리고, 어느 정도 내용이 모이면 이메일 매거진인 〈정진일의 성공 오디세이〉로 발전시켜 많은 사람들과 공유하고 있다.

5년째 캠페인은 '하루에 만 보 이상 걷자'는 것이다. 하루 만 보 걷기 캠페인은 여러 가지로 도움 된다. 건강관리에도 좋고 강연하는 데도 좋다. 일부러 시간 내서 걷지 않으면 하루에 만 보 이상 걷기가 어렵다. 일상생활에서 만 보를 걸으려면 강연할 때 부지런히 움직여야 한다. 앞에서 좌우로만 할 때보다 전후좌우로 종횡무진하면서 반응도 더 좋아졌다. 듣는 사람들은 내가 열심히 움직이며, 눈도 맞추자 1 대 1 교감을 할 때처럼 몰입했다.

6년째에 접어든 올해는 백팔배를 시작했다. 지금까지 했던 캠페인 중 백팔배가 가장 어렵다. 잘못 시작하면 중도에 포기하지 않을까 우려되어, 2주 동안 충분히 연습한 후 본격적으로 시작했다.

그냥 해도 되지만 하는 김에 의미를 더 부여하고자 절을 한 번 할 때마다 매일매일 108명의 소원을 백팔배에 담아 한 가지씩 말하면서 하고 있다. 나와 가족을 위한 소원도 빌고, 내가 아는 사람들이 잘 되기를 바라는 소원도 말한다.

한 가지 캠페인을 1년 동안 계속하면 완전한 습관으로 몸에 밴다. 그래서 하나의 캠페인이 끝나면 다음해에는 하지 않는 것이 아니라 계속

하게 된다.

　나처럼 1년에 한 가지씩 해도 좋고, 좀더 꿈을 빨리 이루고 싶다면 6개월에 한 번씩, 혹은 습관이 몸에 배는 두 달에 한 번씩 해도 좋다. 그런 것을 굳이 하지 않아도 좋은 습관을 만들 수 있지만 내 경험상 이렇게 하면 좀더 수월한 느낌이다. 나만의 캠페인을 만들어 좋은 습관을 많이 만들수록 꿈도 쉽게 이루어진다.

익숙한 것보다 낯선 것이
성장을 돕는다

사람들은 익숙한 것을 좋아한다. 익숙한 공간, 익숙한 사람, 익숙한 가구, 익숙한 노래와 함께 할 때 편안함을 느낀다. 사람이라면 누구나 다 그렇다.

사실 익숙하다는 자체가 문제될 것은 없다. 익숙하다는 것은 그만큼 오랜 시간을 투자해 편안해졌음을 의미한다. 익숙해져 몸과 마음이 스트레스를 받지 않고 편하다면 그것도 충분히 좋은 일이다.

문제는 변화가 필요함에도 익숙함에 젖어 변화를 시도하지 않을 때 일어난다. 예를 들어 삶에서도, 꿈을 이루는 데도 전혀 도움 되지 않는 나쁜 습관은 하루라도 빨리 고쳐야 한다. 그럼에도 나쁜 습관을 고치기는 정말 어렵다. 이미 무의식속에서조차 익숙해졌기 때문이다. 그런 익숙함을 버리고 스스로 낯설고 불편한 것을 선택하기란 그리 쉽지 않다.

익숙함은 현재의 상태를 유지하고, 정서적인 안정감은 줄 수 있을지 언정 성장에는 큰 도움이 되지 못한다. 성장의 기회는 주로 낯선 것으로부터 나온다. 두려워도 낯선 것을 정면으로 마주할 때 비로소 변화하고 성장할 수 있다.

때로는 익숙한 것이
독이 된다

전라북도 교육청으로 발령받은 지 얼마 되지 않았을 때의 일이다. 전라북도 교육을 총괄하는 본부다 보니 일이 무척 많았다. 전라북도 교육청 1년 예산이 1조 2천억원에 달했고, 산하 기관도 학교를 포함해서 천여 개에 달했다. 공문을 하나 보내면 최소한 천 개 이상의 첨부 파일이 돌아오곤 했다. 한 번에 천 개 이상의 엑셀 파일을 취합, 통합해야 하는 일이 많았는데, 작업할 때마다 많은 시간이 소요되었다.

담당자가 공문서 하나 처리하는 데 보통 짧게는 2, 3일에서 길게는 일주일에서 열흘 이상 걸리는 일이 다반사였다. 작업 시간이 오래 걸리는 가장 큰 이유는 기관들이 많아서라기보다는 효율성이 떨어지는 방식으로 일하고 있었기 때문이다. 업무 담당자들이 엑셀을 적극적으로 활용하지 못하고 많은 부분을 계산기에 의존해 처리하고 있었다.

공무원이 되기 전에는 공무원이 되면 당연히 엑셀로 대부분의 업무를 처리할 것이라 생각했다. 공무원시험을 준비하면서 일을 잘하고 싶은 마음에 현직에 있는 공무원들에게 교육행정공무원으로 일하려면 어떤 것들을 배워두는 게 좋을지를 물어보았다. 가장 많이 들은 대답은 보고서 작성법과 엑셀 사용법이었다. 그래서 엑셀을 열심히 배웠는데 막상 교육청에 들어와 보니 엑셀을 많이 쓰고 있지 않았다. 그마저도 엑셀 사용법을 많이 알고 있는 담당자가 없어서 계산기를 주로 사용할 수밖에 없는 상황이었다.

산하 기관에서 보낸 천 개의 자료를 기본적인 엑셀 사용법과 계산기의 힘을 빌려 계산하려니 당연히 시간이 많이 걸렸다. 일주일 밤낮을 꼬박 일해도 끝내지 못하는 경우가 허다했다. 엑셀로 계산하고 계산기로 다시 검증하는 웃지 못할 광경도 자주 볼 수 있었다. 고전적인 업무 처리 방식을 보면서 답답했다. 엑셀의 고급 기능을 조금만 활용하면 대부분 몇 분에서 몇 시간 안에 끝낼 수 있는 일이었기 때문이다.

교육청에서 하는 가장 큰 일 중 하나가 예산 결산이다. 평소 업무와는 비교도 할 수 없을 정도로 일이 많다. 예산팀 인원이 약 10명이었는데, 기관의 수도 많고 작업량도 많다 보니 그 인원으로는 부족해 지역 교육청의 예산 담당자까지 모두 불러와 일을 했다.

그 엄청난 일도 계산기로 했다. 예산 결산할 때 예산팀에 가면 어김없이 책상마다 계산기가 놓여 있었다. 30여 명에 달하는 사람들이 일제히 계산기를 두드리는 장면은 마치 주산학원에서 학생들이 선생님이 불러주는 숫자를 열심히 주판하는 모습과 비슷했다. 다른 팀의 일이었지만 어떻게든 돕고 싶었다. 엑셀을 사용하면 작업시간을 대폭 줄일 수 있었다. 수많은 밤을 단순작업을 반복하며 샐 필요가 없었다. 물론 그 당시에도 책상에 컴퓨터가 있었고 엑셀도 설치되어 있었다.

문제는 업무에 제대로 활용하지 못한다는 것이었다.

조용히 예산팀의 업무를 지켜보다 집에 돌아와 혼자 엑셀로 작업을 해보았다. 데이터가 입력되는 엑셀 문서의 표만 잘 만들면 불과 10여 분만에 끝낼 수 있었다. 엑셀의 파워를 제대로 느낄 수 있는 작업이었다. 다음날 직속상관에게 가서 예산팀 업무를 간단하게 할 수 있는 방법이 있다고 제안했다. 당연히 믿지 않았다. 직접 시연을 해 실제 가능한 일임을 확인시켜주자 그제야 나를 예산 팀장에게 데리고 갔다. 예산 팀장은 8급 공무원이 예산을 아느냐며 무시했다. 불신에 가득한 예산 팀장 앞에서 또 다시 시연을 했다. 눈으로 보고도 예산 팀장은 믿지 못하고 직원들에게 계산기로 검산해볼 것을 주문했다. 결과는 정확히 일치했다.

이 일을 계기로 각 부서의 실무자들에게 엑셀의 고급 기능 활용에 대한 교육을 진행했다. 전라북도 교육청의 업무는 상당 부분 계산기 대신 엑셀로 처리되기 시작했다. 업무 효율성이 몰라보게 향상되었음은 당연하다. 그러면서 나는 본청에서 단숨에 일 잘하는 공무원으로 급부상했고, 동기들에 비해 빠르게 승진도 할 수 있었다.

왜 힘들이지 않고 간단하게 처리할 수 있는 방법이 있는데도 기존의 방법을 고집했을까? 이유는 간단하다. 익숙한 것이 편하기 때문이다. 하지만 익숙한 것을 고수한 대가는 생각보다 가혹하다. 익숙한 계산기를 고집한 대가로 많은 공무원들이 수많은 날을 온갖 스트레스를 받으며 단순 업무에 시달려야만 했다. 그러면서도 발전은 없다. 계산기를 두드리는 속도는 빨라질 수 있을지 몰라도 그것만으로는 업무를 효율적으로 개선할 수가 없기 때문이다.

이처럼 익숙한 것은 때로는 성장을 방해하는 치명적인 독이 된다. 좀 더 성장하고 싶다면, 그래서 꿈에 한걸음 더 다가가고 싶다면 아쉽더라도 익숙한 것과 이별하는 연습을 해야 한다.

낯선 것이 익숙해질 때
성장에 가속도가 붙는다

분명 다른 새로운 방법을 이용하면 더 효율적으로 업무를 처리할 수 있고, 더 성장할 수 있는데도 익숙한 방법을 고수하는 사람들도 있지만 새로운 방법을 시도하다 포기하는 사람들도 많다. 그런 사람들은 대부분 비슷한 말을 한다.

"해봤지만 별 차이가 없던데? 오히려 더 나쁜 것 같기도 해."

그렇게 느낄 수 있다. 아무리 좋은 방법도 처음에는 다 낯설다. 그래서 엑셀이 계산기보다 훨씬 더 익숙하고 편안하지만 엑셀을 전혀 모르는 사람들에게는 낯설고 불편한 도구일 뿐이다. 엑셀에 익숙해질 때까지는 어쩌면 계산기를 두드리는 편이 업무를 더 빨리 끝낼 수도 있다. 스트레스 받지 않고 재미있게 일하고 싶어서 본격적으로 배운 엑셀 덕분에 나는 2006년에 마이크로소프트가 전 세계에서 엑셀을 아주 잘 쓰는 사용자에게 주는 '엑셀 MVP'에 선정되는 영광도 누렸다. 덕분에 공무원 재직 시 엑셀 실무 도서도 출간하고 실무자를 위한 엑셀 이러닝 과정도 두 개나 진행했다.

낯선 것이 성장을 부르는 데는 시간이 걸린다. 익숙한 것을 버리고 낯선 것을 선택했다고 바로 효과가 나타나지 않는다. 처음에는 사람들의 말처럼 더 퇴보한 것처럼 느껴질 수도 있다.

〈K-POP 스타〉와 같은 오디션 프로그램을 보다 보면 심사위원이 참가자들의 발성법을 지적하는 경우가 많다. 일반인들이 듣기에는 큰 문제가 없어 보이는데도 그런 발성법으로는 발전하는 데 한계가 있다며 고칠 것을 주문한다.

이미 익숙해진 발성법을 고치기는 쉽지 않다. 그럼에도 피나는 노력 끝에 발성법을 고치고, 새로운 발성으로 노래를 불러 심사위원을 감탄하게 하는 참가자들이 간혹 있다. 일단 발성법을 고치면 그 참가자들은 눈부시게 성장한다. 처음에는 몸에 맞지 않는 옷을 입었을 때처럼 새로운 발성법으로 노래를 부르기가 어색하고 힘들지만 시간이 지날수록 실력이 향상된다. 그러다 새로운 발성법이 익숙해지면 마치 날개를 단 듯 놀라운 속도로 성장한다.

익숙한 것을 버려 더 크게 성장한 사람으로 이승엽 선수를 빼놓을 수 없다. 이승엽 선수는 1999년 우리나라 역사상 처음으로 한 시즌 50홈런을 넘어서며 국민타자로 발돋움했다.

그냥 하던 대로 해도 충분히 만족할 수 있었던 상황이었는데, 그 자신은 한계를 느끼고 더 성장하기 위해 타격 폼을 바꾸기로 결정했다. 타자가 좋은 결과를 내는 익숙한 타격 폼을 바꾸는 것은 모험과도 같다.

그를 아끼는 사람들은 타격 폼을 바꾸려다 다음 시즌을 망칠 수도 있다며 우려했다. 초반에는 그 우려가 현실이 되는 듯했다. 1999년 614타석에 홈런을 54개 쳤는데, 타격을 바꾼 첫해는 617타석에 홈런을 47개 기록했기 때문이다. 근소한 차이지만 타격 폼을 바꾸기 전보다 성적이 좋지 않아 세간의 우려를 샀다. 하지만 그 이듬해인 2003년에는 596타석으로 다른 해보다 적게 타석에 들어섰음에도 56개의 홈런을 치는 기염을 토했다.

또 다른 국민타자 양준혁도 오랫동안 고수했던 타격 폼을 바꾸었다. 양준혁 선수의 대표 타법으로 유명한 만세타법은 2002년에 만들어졌다.

양준혁 선수는 삼성 라이온즈 시절부터 3할대의 높은 타율을 자랑하는 4번 타자였지만 한 번도 팀이 우승한 적이 없어 '팀을 우승시키지 못하는 4번 타자'라는 오명을 얻었다. 그래서 1999년 해태로 트레이드 되었다가 3년 후인 2002년 다시 삼성으로 복귀했다. 그해 삼성은 처음으로 한국시리즈에서 우승했지만 그의 타율은 9년 연속 유지했던 3할이 깨진 2할 7푼대로 떨어졌다. 그때 그는 타격 폼을 뜯어고치기로 마음먹었다.

익숙한 타격 폼을 버리고 새로운 타격 폼을 만드는 길은 험난했다. 매일 자신의 타격 폼을 분석하고 고쳐나가기를 수없이 반복한 끝에 드디어 만세타법을 개발할 수 있었다. 만세타법은 2003년 33개의 홈런과 163개의 안타를 그에게 선물했다.

낯선 것이 성장을 부르는 모습은 비행기가 이륙하는 장면과 비슷하다. 비행기가 이륙하려면 처음에는 지루하게 빙빙 활주로를 돌아야 한다. 언제쯤 비행기가 이륙하나 슬슬 짜증날 즈음 비행기는 땅에서 발을 떼고 순식간에 하늘 위로 올라간다. 낯선 것도 그렇다. 처음에는 익숙하지 않아 불편하고 과연 성장에 도움 될지 의심스럽지만 낯선 것에 익숙해지는 순간부터 본격적인 성장이 시작된다. 일단 성장이 시작되면 이전과는 비교할 수 없을 정도로 발전함은 두말할 것도 없다.

꿈에도 전략과
스케줄링이 필요하다

무조건 열심히 꿈을 꾼다고 다 꿈을 이룰 수 있는 것은 아니다. 꿈을 이루려면 구체적인 전략과 준비가 필요하다. 전략과 준비의 내용은 어떤 꿈을 꾸는가에 따라 달라질 수 있지만 큰 틀은 동일하다. 지금까지 세 가지 꿈을 꾸고 이루면서 준수했던 전략은 크게 두 가지다.

우선 분명한 목표를 세우고 몰입하는 것이 첫 번째 전략이다. 두 번째는 본격적으로 꿈을 꾸기 전에 준비를 철저히 하는 것이다. 이 두 가지만 잘 지켜도 꿈을 이룰 수 있다. 이 전략을 잘 활용하면 새로운 꿈을 꿀 때마다 꿈을 이루는 속도가 더 빨라진다.

언제나 기본은 평범하지만 아주 중요하다. 공부에 왕도가 없듯이 꿈을 이루려고 할 때도 이 기본 전략만 잘 지키면 충분히 꿈을 이룰 수 있다.

분명한 목표를 세우고
몰입하라

분명한 목표가 있을 때와 없을 때는 마음가짐부터 행동하는 것에 이르기까지 큰 차이가 있다. 목표가 분명하면 목표를 이룰 때까지 몰입하기도 쉽다. 물론 너무 무리한 목표는 사람을 쉽게 지치게 만들고 몰입을 방해할 수 있지만 현실적인 목표는 긍정적인 에너지로 작용해 꿈을 이루는 데 큰 도움이 된다.

대학 4학년 때 컴퓨터를 배우기 시작할 때도 그냥 배우지 않았다. 30대에 공무원이 되는 꿈을 이루려면 컴퓨터는 필수였다. 당시 삼보컴퓨터에서 컬러 모니터를 장착한 286컴퓨터가 막 나오기 시작했는데, 아버지를 설득해 거금 100만원을 투자해 컴퓨터를 샀다. 대출까지 받아 샀는데, 대충 컴퓨터를 배워서는 안 된다는 생각에 목표를 하나 세웠다. 6개월 안에 하이텔 하드웨어 동호회 임원이 되겠다는 목표였다. 그런 목표를 세웠던 이유는 비교적 단순했다. 하이텔 하드웨어 동호회는 당시 우리나라에서 제일 큰 컴퓨터 전문가 동호회였는데, 상당한 실력을 갖추어야 임원이 될 수 있었기 때문이다.

목표를 세운 후 약 일주일 정도 임원들의 활동을 지켜보았다. 임원들은 정말 열심이었다. 하루에 한 임원이 수십 개의 질문에 답을 달았다. 잠도 자지 않는지 한밤중에 올린 질문에도 어느새 답변이 달려 있었다.

비록 임원은 아니었지만 나도 사이트에 올라온 질문에 답을 달기 시작했다. 나 또한 컴퓨터를 배우는 입장이라 먼저 독학으로 공부하고 답을 다느라 시간이 많이 걸렸다. 힘이 들었지만 질문에 답을 달면서 컴퓨터 실력이 쑥쑥 늘었다. 3개월쯤 되자 임원 제의가 왔다. 분명한 목표를 세우고 몰입한 덕분에 목표를 3개월이나 일찍 달성한 셈이다.

하드웨어 동호회 임원으로 재미있는 활동을 많이 했다. 당시 컴퓨터 업체들은 신제품을 개발하면 하드웨어 동호회에 테스트를 의뢰했다. 시장에 본격적으로 출시하기 전에 성능을 검증하기 위해 테스트를 의뢰하는 경우도 있고, 신제품을 홍보하고자 테스트하고 리뷰를 써줄 것을 요청하기도 했다. 테스트해주면 테스트한 신제품을 답례로 주었는데, 그 재미가 쏠쏠했다. 남들보다 일찍 신제품을 써본다는 것만으로도 짜릿한데, 테스트했던 제품까지 주니 일석이조가 따로 없었다. 그런 재미에 빠져 컴퓨터를 더 열심히 공부하다 보니 나중에는 자원공학과를 전공하는 내가 컴퓨터학과 학생들을 가르칠 정도로 실력이 늘었다.

과정을 잘 모르는 사람들은 어떻게 그렇게 빠른 시간에 컴퓨터 실력이 늘었는지 궁금해 했다. 나는 머리가 별로 좋지 않다. 아이큐는 평균 수준이다. 대신 몰입을 잘한다. 머리가 나빠도 몰입을 잘하기 때문에 똑같은 시간을 두 배로 늘려 쓸 수 있다. 남들이 보면 1시간이지만 실제로는 2시간 공부한 효과가 난다.

몰입은 구체적이고 분명한 목표가 있을 때 하기가 쉽다. 평소 몰입을 잘 못하는 사람이라면 더더욱 목표가 중요하다. 꿈을 이루기 위해 필요한 크고 작은 목표를 설정하고 몰입하다 보면 꿈은 자연스럽게 이루어진다.

꿈을 꾸는 데도
준비가 필요하다

충분한 준비운동을 하지 않고 바로 운동을 시작하면 다치기 쉽다. 건강해지려고 운동을 시작했는데 오히려 운동을 하다 다치면 낭패도 그런 낭패가 없다. 그런 불상사를 겪지 않으려면 운동하기 전에 스트레칭이나 가벼운 걷기를 해 딱딱하게 굳은 근육도 부드럽게 풀어주어야 한다.

꿈을 꿀 때도 마찬가지다. 아무런 준비 없이 꿈을 꾸면 꿈을 이루기도 어렵고, 꿈을 꾸면서 깊은 상처를 받을 수도 있다. 나는 1999년 3월 1일 공무원으로 입사하면서 퇴직일을 정해놓았다. 10년마다 새로운 꿈을 꾸겠다는 로드맵을 만들어 놓았기에 가능했던 일이다. 계획대로라면 딱 10년 후인 2009년 2월 28일에 퇴사했어야 하는데, 2주가 더 지난 3월 16일에 나올 수 있었다.

이미 40대에 강사가 될 준비를 다 마친 상태였다. 일 잘하는 공무원이 되고 싶었기 때문에 일도 정말 열심히 했지만 틈틈이 전문 강사가 되기 위해 준비했다. 시간 날 때마다 강사가 되려면 무엇을 준비해야 하는지 고민하고 연구했다. 대한민국에서 강연을 잘한다는 사람들을 골라 공통점을 분석해보니 무엇을 준비해야 할지 분명해졌다.

준비해야 할 사항은 크게 네 가지였다.

첫째는 내 이름으로 책을 내는 것이었다. 유명한 강사들은 대부분 자기 책이 있었다. 웬만큼 자기 분야에 전문성에 없으면 책을 내기란 불가능하다. 책은 낸다는 것은 전문성을 입증하고, 더 나아가 인지도를 넓힌다는 의미였다.

두 번째는 시대에 맞는 콘텐츠를 만드는 것이었다. 공무원으로 입사했던 1999년은 인터넷이 막 활성화되던 때였다. 당장은 하이텔, 천리안과 같은 PC통신이 대세지만 10년 뒤에는 하이텔이 아니라 인터넷을 활용해 검색하고 강의나 강연을 들을 것 같다는 생각이 들었다. 그렇다면 인터넷시대에 맞는 디지털 콘텐츠를 만들어야 한다는 판단이 섰다.

세 번째는 대학교수가 되어야 했다. 유명한 강사들은 정식 교수는 아니더라도 겸임교수든, 외래교수든 교수라는 타이틀이 있었다.

마지막으로, 8시간 이상 강연할 수 있는 프로젝트 과정을 만들어야 한다. 1, 2시간짜리 특강만 해도 먹고 살 수는 있지만 특강만으로는 안정감 있게 생활하기는 어렵다.

강사가 되기 위해 준비해야 할 것들을 정리한 후 차근차근 준비를 시작했다. 엑셀을 사랑하는 사람들의 모임인 엑사모에서 운영진으로 열심히 활동하고 엑셀 MVP가 되자 엑셀 책을 쓰라는 권유가 들어왔다. 자연스럽게 강사가 되기 위한 첫 번째 준비사항이었던 내 이름으로 책을 낼 기회가 생긴 것이다. 그때 만든 책이 2007년에 낸 《직장인을 위한 업무의 달인-엑셀 직장인 활용편》이다.

두 번째 준비도 순조롭게 진행할 수 있었다. 이 책이 많이 팔리자 우리나라 3대 HRD 업체 중 하나인 휴넷에서 이러닝을 찍자고 제의해왔다. 엑셀 실무 강의를 이러닝 강좌로 만들자는 것이어서 흔쾌히 수락했다. 엑셀 실무 이러닝 강좌는 운 좋게도 많은 사랑을 받았다. 그래서 엑셀 실무에 이어 엑셀 데이터베이스를 특화해 이러닝을 한 번 더 찍었다. 5년도 더 넘은 그 이러닝 강좌를 아직도 찾는 사람들이 많아 지금도 3개월에 한 번씩 인세를 받는 기쁨을 누리고 있다.

강사가 되기 위해 준비해야 할 사항 중 사실 제일 자신 없었던 것이 교수가 되는 것이었다. 하지만 열심히 공무원으로 일하면서 엑셀, 파워포인트 등 컴퓨터도 열심히 공부하고 가르치다 보니 자연스럽게 교수가 될 길이 열렸다. 2005년에는 삼성경제연구소 프레젠테이션 전문 포럼인 파사모의 교수로 활동한 것이 인연이 되어 2006년도에는 전주대학교 프레젠테이션 스킬 업 클래스 외래교수로 학생들을 가르쳤으며, 2009년에는 나사렛대학교 미디어 활용 외래교수로 출강했다.

네 번째 목표였던 교육 과정 만들기는 비교적 수월하게 진행했다. 멘토였던 우석진 씨와 디지털 미디어를 활용해서 강의용 디지털 스토리텔링 콘텐츠 제작법을 강의하는 8시간 과정을 만들었는데, 반응이 폭발적이었다. 한두 번만 하고 끝낼 생각이었는데 워낙 반응이 좋아 10여 차례 더 진행했다.

이 네 가지 준비를 8년 만에 다 끝냈다. 40대에 강사가 되는 꿈을 꾸고 있고, 강사가 되기 위해 네 가지를 준비하려 한다는 것은 오래 전에 아내에게 말해놓았다.

"정말 당신이 그 어려운 걸 다 해낼 수 있어? 말대로 다 해낼 수 있다면 말리지 않을게."

아내는 처음에는 설마 네 가지를 다 이뤄낼까 싶었는지 조건부 동의를 했다. 그러다 내가 말한 것을 하나씩 준비하고 이루어가는 것을 보며 불안해하기 시작했다. 네 가지 준비를 모두 마치자 공무원으로도 이미 성공했고, 더 크게 성장할 수 있으니 계속 공무원으로 남으라고 설득했다. 하지만 무조건 강사가 되겠다는 것이 아니라 준비한 내용을 바탕으로 잘할 수 있다는 것을 보여주자 더 이상 만류하지 못하고 내 꿈에 동의했다.

미리 준비한 덕분에 40대 강사가 되면서부터 첫 시작의 고비에도 흔들리지 않고 나는 바로 달릴 수 있었다. 만약 공무원을 그만두고 그때부터 강사가 될 준비를 했다면 아직까지도 강사로 자리 잡지 못한 채 방황하고 있었을지도 모른다. 만약 지금 새로 꾸고 싶은 꿈이 생겼다면 본격적으로 그 꿈에 뛰어들기 전에 지금 하던 일을 계속 하며 준비할 것을 권한다. 준비는 꿈을 과연 이룰 수 있음을 냉정하게 타진해보는 베타 테스트 역할을 한다. 준비하는 동안 부족한 부분을 채우기도 하고, 방향이 잘못 되었다면 수정하면서 좀더 꿈을 이룰 가능성을 키울 수 있다.

적절하게 쉬면
꿈을 더 빨리 이룬다

"도대체 언제 쉬세요?"

늘 바쁘게 움직이는 나를 보고 사람들이 이런 질문을 종종 한다. 낮에는 강의하고 강연하랴, 밤에는 다음날 준비하고, 다른 사람들의 질문을 듣고 문자나 메일을 보낸 사람들과 소통하느라 바쁘게 지내는 것은 사실이다. 현재의 꿈을 꾸면서 동시에 다음에 꿀 꿈을 준비하다 보면 하루 24시간이 짧게 느껴질 때가 많다.

하지만 그들이 생각하는 것처럼 나는 쉬지도 않고 앞만 보며 달려가는 그런 사람이 아니다. 특별한 재능 없이 꿈을 꾸고 이루려다 보니 남들보다 두 배, 세 배 더 노력해야 하지만 짬짬이 틈을 내 잘 놀고, 잘 쉰다.

꿈을 이루는 과정은 마라톤과 같다. 단거리 경주는 잠시도 쉬지 않고 전력 질주해야 하지만 마라톤을 그렇게 하면 초반에 지쳐 쓰러지기 쉽다. 적절히 호흡도 조절하고, 강약을 조절하며 뛰어야 끝까지 완주할 수 있다. 그래서 나는 아무리 바빠도 중간 중간 꼭 쉬는 시간을 갖는다. 개구리는 높이뛰기 전에 잔뜩 움츠린다. 많이 움츠릴수록 더 멀리, 더 높이 뛰어오르듯이 꿈을 꿀 때도 적절히 쉬어야 더 빨리, 효과적으로 꿈을 이룰 수 있다.

양보다
질이다

무조건 열심히 하는 사람들을 보면 대부분 시간으로 승부하려 한다. 남들보다 더 많은 시간을 투자하면서 그만큼 더 좋은 결과를 얻을 수 있으리라 기대한다.

사실 어떤 일을 하거나 꿈을 이루려고 할 때 시간은 중요하다. 공장에서 만든 된장이 집에서 만든 된장의 깊은 맛을 따라오지 못하는 이유는 시간 때문이다. 단시간에 공장에서 뚝딱 만들어지는 된장은 오랜 시간 제대로 햇볕도 쬐고, 바람도 쏘이며 천천히 숙성시킨 집 된장을 결코 흉내 낼 수조차 없다. 아무리 기술이 발달해도 시간으로 채워야 하는 부분을 기술이 대신하기는 어렵다. 어떤 일을 할 때도 사람마다 개인차가 있기는 하지만 그 일을 잘하기 위해 기본적으로 투자해야 하는 시간은 분명히 있다.

하지만 기본적으로 필요한 시간을 넘어가면 그때부터는 이야기가 달라진다. 조금만 열심히 하면 1시간 안에 할 수 있는 일을 2, 3시간에 했다면 과연 시간을 많이 투자했다는 것만으로 좋은 결과를 기대할 수 있을까?

요즘에는 기업이나 조직에서 사람들을 평가하는 기준이 많이 달라졌다. 예전에는 근무 내용과 상관없이 무조건 오랜 시간 근무한 사람을 좋게 평가하는 분위기가 있었다. 남들보다 일찍 출근해 남들보다 늦게 퇴근하면 그것만으로도 열심히 성실하게 일하는 사람이라는 평가를 받을 수 있었다.

지금도 여전히 근무 시간으로 직원의 성실성을 평가는 곳들이 있기는 하지만 그보다는 근무 내용과 결과로 평가하는 곳들이 점점 더 늘어나는 추세다. 요즘에는 야근하거나 주말에 나와 일하는 사람을 달갑게 보지 않는 CEO들이 늘고 있다. 근무 시간에 열심히 일하면 충분히 끝낼 수 있는 일을 딴 짓을 하느라 처리하지 못했다고 보기 때문이다.

회사나 조직을 관리하는 데도 손실이 많다. 다른 직원들은 제때 일을 끝냈는데 한두 명이 일처리가 늦어 야근을 하거나 주말에 일하면 전기세, 난방비 등 불필요한 관리비가 늘어난다. 그뿐만 아니라 야근수당, 휴일 특별수당까지 지급해야 하니 회사 차원에서는 달갑지 않은 것이 당연하다.

공무원 시절, 나는 혼자서 몇 사람이 해야 할 업무를 소화하곤 했다. 내가 일하는 방식을 모르는 사람들은 그렇게 많은 일을 하려면 엄청난 시간을 일에 매달렸을 것이라 생각하지만 전혀 그렇지 않다. 남들 쉴 때 함께 쉬고, 아무리 바빠도 연가 다 찾아 썼다.

쉴 것 다 쉬면서도 많은 일을 할 수 있었던 비결은 역시 '집중'이다. 일할 때는 옆에 누가 와도 모를 정도로 집중해서 일에 몰두했다. 일을 처리하는 방식도 한몫을 했다. 엑셀과 파워포인트 등 업무용 소프트웨어를 능숙하게 활용함으로써 단순 반복적이면서 시간은 시간대로 많이 걸리는 업무 프로세스를 대폭 개선했다.

공무원으로 일할 때도, 강사로 일하는 지금도 얼마나 많은 시간을 투자하는가보다는 얼마나 효율적으로 시간을 쓰는가를 중요시한다. 직원들에게도 정해진 근무 시간을 준수하라고 강요하지 않는다. 출퇴근 시간은 얼마든지 스스로 조절해도 괜찮다. 언제, 어떻게 일하더라도 업무 효율성이 좋다면 개의치 않는다.

양보다는 질이다. 시간의 양에 집착하면 쉬기가 어렵다. 일에 몰입하기도 어렵다. 양보다 질을 우선으로 하면 일할 때는 화끈하게 일하고, 쉴 때도 확실하게 쉴 수 있다. 일할 때 일하고, 쉴 때 쉬면 업무 성과와 효율성은 대부분 좋아지기 마련이다. 사람은 기계가 아니다. 하물며 기계도 24시간 풀가동하면 엔진이 과열되어 고장 나는데, 사람은 더 말할 것도 없다.

공부를 잘하는 학생들의 특징 중 하나가 밤샘을 하지 않는다는 것이다. 오히려 공부를 못하는 학생들이 시험을 앞두고 밤을 새워 벼락치기를 한다. 잠을 자지 않고 공부하면 더 많은 지식을 머리에 담을 수 있을 것 같지만 뇌가 감당하지 못한다. 휴식을 취하지 못해 지칠 대로 지친 뇌는 아무리 애써도 더이상 공부한 내용을 기억하지 못한다.

적절한 휴식은 길게 꿈을 꾸고 이루는 데 선택이 아닌 필수다. 충분히 뇌를 쉬게 해주면서 공부해야 공부를 더 잘할 수 있듯이 아무리 마음이 급해도 적절한 휴식을 취하면서 꿈을 향해 달려가야 꿈을 더 빨리 이룰 수 있다.

잘 놀고 잘 쉬어야
업그레이드도 가능하다

지치지 않기 위해서뿐만 아니라 적절히 잘 쉬어야 하는 이유는 또 있다. 현대사회는 주어진 일을 성실하게 해내는 인재보다 창의적인 인재를 선호한다. 매번 같은 모습으로 같은 생각만 하는 사람보다는 새로운 생각으로 자신을 변화, 발전시킬 수 있는 사람을 좋아한다.

창의적인 생각을 하려면 더더욱 휴식이 필요하다. 꼭 창의적인 생각을 하지 않더라도 현재보다 더 나은 나를 만들고 행복해지기 위해서라도 잘 놀고 잘 쉬어야 한다.

나는 한 달에 두 번 무비데이를 갖는다. 그날만은 무슨 일이 있어도 만사를 제쳐놓고 영화, 연극, 뮤지컬을 보러 다닌다. 뿌리치기 힘든 고액 강의 요청이 들어와도 모든 것을 내려놓고 온전히 나를 위한 시간을 갖는다.

쉬는 방법은 여러 가지다. 아무것도 하지 않고 조용한 공간에서 휴식을 취할 수도 있고, 평소에는 바빠서 하지 못했던 취미생활을 신나게 즐길 수도 있다. 지친 몸과 마음을 재충전할 수 있는 것이라면 어떤 방법이든 상관없다.

내가 무비데이를 정한 이유는 영화, 연극, 뮤지컬을 좋아하기도 하지만 감성을 잃지 않으려는 목적도 크다. 감성은 나의 중요한 일부분이다. 사람들은 논리적으로 접근했을 때보다 감성적으로 접근했을 때 더 쉽게 마음을 연다. 나는 강연할 때 먼저 내 이야기를 진솔하게 털어놓으면서 감성적으로 접근한다. 덕분에 나는 비교적 짧은 시간에 사람들의 마음을 움직일 수 있는 강사가 될 수 있었다. 감성 터치가 가능하다는 것은 나의 큰 장점이다.

눈 코 뜰 새 없이 일만 하는 바쁜 생활 속에서는 자칫 감성을 잃기 쉽다. 유명 강사들 중에는 강연이 워낙 많아 기계처럼 하는 데 급급한 이들이 있다. 스스로 스케줄을 관리하기도 어려울 정도로 바빠 매니저가 대신 스케줄을 관리해주는 것은 기본이다. 정해진 스케줄대로 매니저가 강연 장소에 데려다주면 스케줄대로 움직이고 또 다른 장소로 옮겨 가는 쳇바퀴 같은 생활을 한다.

강연하는 것이 아무리 좋아도 나는 그렇게까지 많이 하고 싶지는 않다. 너무 바빠 시간 속에 매몰되어 있으면 행복은 말할 것도 없고 그 어떤 감정도 느끼기 어렵다. 감정이 딱딱해지면 결국 연단에 설 때 사람들의 감성을 터치하는 데도 문제가 생긴다. 내 강점을 그렇게 잃고 싶지 않기 때문에 영화를 보고 연극이나 뮤지컬을 즐기면서 최대한 내 감성을 평온하게 유지하려고 노력하는 것이다.

때로는 일상에서 완전히 탈출하는 것도 자신을 업그레이드하는 데 도움 된다. 나는 주말에는 대부분 휴대전화를 꺼놓는다. 주중에는 열심히 사람들과 소통하면서 바쁘게 살지만 주말에는 가능한 한 가족과 함께하며 오롯이 휴식을 취하려고 노력한다. 일과 관련해서 아무 생각도 하지 않고 쉬기만 하면 오히려 창의적인 좋은 생각이 떠오를 때가 많다. 열심히 머리 쥐어짜면서 고민할 때는 머릿속이 캄캄했는데, 다 내려놓고 편안하게 있을 때 오히려 새로운 아이디어가 잘 떠오르는 것을 경험할 때마다 휴식의 중요성을 새삼 실감한다.

'빨리'보다 '제대로'가
중요하다

　우리나라 사람들은 급하다. 남녀노소를 불문하고 '빨리빨리'를 입에 달고 산다. 사람들만을 탓할 일만은 아니다. 땅도 좁고, 천연자연도 풍부하지 않는 나라에서 살아남으려면 남들보다 앞서나가야 한다. 그러다 보니 경쟁이 치열해져 뭐든 급하고 빨리 처리하는 문화가 형성될 수밖에 없었다.

　'빨리'가 꼭 나쁜 것은 아니다. 바쁜 현대사회에서 '빨리'는 생존하는 데도 도움 되고, 급격한 변화에 적응하는 데도 도움 될 수 있다. 하지만 어디까지나 빨리 가면서도 중요한 것을 놓치지 않을 때의 이야기다. 무조건 빨리 가려는 욕심에 꼭 짚고 넘어가야 것들을 무시하면 반드시 탈이 생긴다.

　꿈을 끝까지 꾸지 못하고 중도에 포기하는 사람들을 보면 대체적으로 빨리 꿈을 이루려고 한다. 아무리 바빠도 바늘허리에 실 매어서는 바느질을 할 수 없듯이 꿈을 이루려면 서둘러서는 안 된다. 차근차근 준비하고, 한 단계 한 단계 착실하게 올라가야 꿈을 이루기 쉽다.

제대로 가야
빨리 간다

젊은 사람일수록 빨리 가고 싶어하는 경향이 있다. 내가 만나는 20대 대학생들은 대부분 급하다. 남들보다 1, 2년만 늦어도 한참 뒤처져 있는 것처럼 의기소침해하고 빨리 쫓아가려고 애를 쓴다.

그런 20대를 이해하지 못할 것은 없다. 40, 50대 정도 되면 1, 2년쯤은 그리 길게 느껴지지 않지만 20대에게 1, 2년은 긴 시간일 수 있다. 1년을 기준으로 할 때 40, 50대의 1년은 고작해야 전체 인생의 40분의 1 내지 50분의 1에 불과하지만 20대의 1년은 20분의 1에 해당하는 상대적으로 긴 시간이다. 그러다 보니 40, 50대보다는 1, 2년을 길게 느낄 수밖에 없다.

언제 출발하는 지는 꿈을 이루는 데 중요하지 않다. 빨리 출발하면 그만큼 꿈을 빨리 이룰 수 있을 것 같지만 그렇지 않다. 우리나라 100대 기업 취업 경쟁률이 약 77 대 1이라고 한다. 그 엄청난 경쟁률을 뚫고 취업했는데도 3년 안에 퇴사하는 신입사원이 27퍼센트를 넘는다. 이유는 여러 가지겠지만 자신의 적성과 꿈을 고려하지 않고 일단 취직부터 한 탓이 크다.

제대로 준비하지 않고 시작해 중도 포기하는 것보다는 출발이 조금 늦어도 제대로 준비한 다음 가는 것이 현명하다.

대학 4학년 졸업반이라면 졸업하기 전 혹은 졸업과 동시에 취업하고 싶겠지만 준비가 덜 되었다면 1, 2년 정도 시간을 두고 준비하는 것이 장기적으로 더 좋다. 당장은 뒤처지는 것 같지만 제대로 자신의 꿈을 찾고, 그 꿈과 연결된 일을 찾으면 취업 후 퇴사할 일이 없다. 어디 그뿐인가. 남들보다 즐겁고 신명나게 일할 수 있기 때문에 그냥 돈을 벌기 위해 일하는 사람들보다 발전 속도가 빠를 수밖에 없다. 결과적으로 1, 2년 혹은 그보다 더 늦게 출발했더라도 시간이 지날수록 달리는 속도가 빨라져 결국 앞서 출발했던 사람들을 능가할 수 있다.

"그런데 모든 회사들이 취업 재수생보다는 현역을 더 선호한다고 하던데요?"

취업을 앞둔 대학생들에게 빨리 가려 하지 말고 제대로 준비한 다음 가라고 하면 이렇게 반문하는 경우가 있다. 당연히 할 수 있는 걱정이다. 졸업 후 특별한 이유도 없이 1, 2년이 늦었다면 우려한 대로 좋지 않은 이미지를 줄 수도 있다. 하지만 왜 쉬었는지, 쉬면서 무엇을 했는지 스토리가 분명하면 아무 문제가 없다.

외과대학 국제학부를 수석으로 졸업하고도 취업에 실패했던 한 청년이 있었다. 졸업 전에 국제금융가가 되는 게 꿈이어서 수출입은행을 비롯한 국제금융 업무를 주로 하는 은행 몇 군데에 지원서를 냈지만 모두 떨어졌다. 처음에는 왜 떨어졌는지 이유를 몰랐지만 곧 준비를 제대로 하지 못한 때문이라는 결론을 내릴 수 있었다. 학점도 좋고, 토플 점수도 만점에 가까워 쉽게 취업할 수 있으리라 생각하고 열심히 준비하지 않았던 것이다.

뒤늦게 반성하고 수출입은행의 인턴 시험을 보았다. 수출입은행의 인턴은 4개월 동안 해외에서 근무할 수 있는 기회가 주어진다. 실무적인 경험도 쌓고, 실제로 국제금융과 자신이 잘 맞는지도 확인해볼 수 있는 좋은 기회였다. 다행히 인턴 시험에 합격해 그는 4개월 동안 베트남에서 인턴생활을 하고, 4개월은 한국 본사에서 인턴으로 근무할 수 있었다. 이후 다시 수출입은행에 지원서를 냈다. 면접 때 지난해 응시했다 떨어졌고, 약 8개월 동안 인턴으로 근무하면서 수출입은행에서 일하고 싶은 마음이 더욱 커졌다고 말했다.

지금 그는 원하던 직장에서 매일 설레는 마음으로 열심히 일하고 있는 중이다.

제대로 가려면 준비가 필요하다. 준비를 하고 가도 실패할 수 있다. 하지만 준비하고 차근차근 가면 설령 실패하더라도 왜 실패했는지 이유를 알 수 있기 때문에 다음번에는 제대로 갈 수 있다. 마음이 급할수록, 빨리 가고 싶은 마음이 클수록 호흡을 가다듬고 차근차근 준비할 것을 권한다.

꿈의 그래프를 이해해야
조급함을 덜 수 있다

남들보다 출발이 늦거나 뒤쳐졌을 때도 조급해 하지만 앞이 보이지 않을 때도 마음이 급해지기 마련이다. 처음 가는 길은 왠지 길게 느껴진다. 가는 길마다 낯설고, 그 다음에 어떤 길이 기다릴지도 알 수 없다. 시간이 얼마나 걸릴지도 예측하기 어렵다. 요즘에는 내비게이터가 등장해 친절하게 길을 안내하고, 예정 도착시간까지 비교적 정확하게 알려주지만 그래도 초행길은 언제나 불안함과 조급함을 동반한다.

신기하게도 처음에는 낯설고 길게만 느껴졌던 길이 두 번, 세 번 반복해 가다 보면 훨씬 덜 지루하고 짧게 느껴진다. 또 다른 지름길로 간 것이 아니라 처음에 갔던 그 길 그대로 갔을 때도 그렇다. 왜 그럴까? 전체 과정을 알고 모르고의 차이다. 처음 길을 갈 때는 과정을 알지 못해 마음이 급해지고 불안했지만 한번 가보면 과정이 눈에 들어온다. 어디쯤 가면 무엇이 있고, 어느 지점에서 방향을 어떻게 잡아야 하는지를 다 알기에 불안할 것도, 급할 것도 없다.

꿈을 꾸고 이룰 때도 전체 과정을 이해할 필요가 있다. 과정을 구체적으로 속속들이 다 알 수는 없다. 어떤 꿈을 꾸느냐에 따라 과정이 달라질 수도 있다. 그럼에도 꿈을 이루는 전체 과정이 어떤 흐름인지를 이해하는 것은 중요하다.

많은 사람들이 꿈을 꾸기 시작해 이루는 과정이 점차적으로 상승하는 일직선이라고 상상한다. 하지만 실제 꿈으로 가는 과정은 사뭇 다르다. 꿈으로 가는 곡선은 끊임없이 오르락내리락한다. 어떤 때는 순조롭게 상승하다가도 어느 순간 뚝 떨어져 좀처럼 다시 오를 기미를 보이지 않는다. 그러다 다시 상승했다 또 다시 떨어지기를 끊임없이 반복한다.

꿈의 그래프가 하향곡선을 그릴 때 대부분의 사람들은 잘 견디지 못한다. 일종의 슬럼프인 셈이다. 슬럼프에 빠져 있을 때는 조금이라도 빨리 슬럼프에서 벗어나고자 발버둥친다. 불행히도 슬럼프에 빠져 있을 때는 서두르면 서두를수록 더 깊은 슬럼프에 빠질 위험이 크다. 마음이 급한 상태에서는 상황을 정확하게 보고 판단하는 능력이 떨어져 더 나쁜 선택을 하기 때문이다.

꿈으로 가는 과정에는 반드시 슬럼프가 있다. 그것도 하나가 아니라 여러 개가 발목을 잡고 꿈을 이루는 속도를 지연시킨다. 하지만 그러면서도 꿈의 그래프는 우상향한다. 어찌 보면 주가 흐름과 비슷하다. 단기적으로 보면 주식시장은 오르락내리락 춤을 춘다. 경기가 좋지 않을 때는 주가가 폭락해 반 토막이 나기도 하지만 장기적으로 보면 주가는 계속 상승한다. 꿈의 그래프도 단기적으로 보면 오르락내리락하면서 지지부진한 것처럼 보이지만 결국은 상승한다.

이런 꿈의 그래프를 이해하면 슬럼프에 빠졌다고 실망하거나 조급하지 않고 꾸준히 꿈을 향해 한 걸음씩 나아갈 수 있다.

꿈은
현재법이다

흔히 꿈은 미래라고 생각한다. 틀린 말은 아니다. 하지만 꿈은 미래임과 동시에 현재여야 한다. 미래의 행복을 위해 현재의 행복을 포기해서는 안 된다. 꿈에도 크기가 있다. 몇 달 정도 몰입하면 이룰 수 있는 크기의 작은 꿈이 있는가 하면, 최소한 몇 년은 노력해야 이룰 수 있는 꿈도 있고, 10년 이상 길게 꿈을 꾸어야 이룰 수 있는 꿈도 있다. 비교적 짧은 시간에 이룰 수 있는 꿈이라면 그 꿈을 위해 잠깐 현재의 행복을 포기할 수도 있겠지만 10년 이상 길게 꿈을 꿀 때는 너무나 가혹한 일이다.

다행히 현재와 미래는 통한다. 간절한 꿈은 미래뿐만 아니라 현재도 행복하게 만든다. 설령 꿈을 이루기 위해 현재에서 포기해야 할 것이 있더라도 기꺼이, 즐겁게 포기할 수 있다. 포기해야 하는 현재가 더이상 스트레스이자 불행이 아니라 행복한 현재가 되는 것이다.

미래에 이룰 꿈이 아니라 현재를 위한 꿈을 꿀 때 꿈도 이룰 가능성도 커진다. 현재법으로 꿈을 보는 것이다. '생각하는 대로 살게 된다'는 말이 있다. 이미 꿈을 이루었다고 생각하고 노력하면 반드시 그 꿈이 현실이 된다.

무의식이 바뀌면
행동도 바뀐다

'자기최면법'이라는 것이 있다. 이는 일종의 마인드 컨트롤이다. 마인드 컨트롤이라 하면 의식을 다스리는 것으로 생각하기 쉬운데, 마인드 컨트롤의 궁극적인 대상은 무의식이다.

의식을 바꾸기도 어렵지만 무의식을 바꾸기는 훨씬 더 어렵다. 의식을 바꾸는 데는 다른 사람이 도움을 줄 수도 있지만 무의식은 자기 자신이 아니면 아무도 바꾸지 못한다. 이런 무의식을 바꾸는 데 도움 되는 것이 '현재법'이다. 그래서 자기최면은 항상 현재법으로 진행된다.

자기최면의 효과는 이미 많이 입증되었다. 심리적인 요인이 강한 질병을 치료하는 데까지도 자기최면법이 이용될 정도다. 예를 들어 마음의 병으로 몸까지 아픈 사람이 "나는 아프지 않다"를 반복하면서 자기최면을 걸면 정말 통증이 줄어든다. 불임으로 고생하던 여성이 "지금 내 뱃

속에는 건강한 아기가 자라고 있다"라는 말을 반복하면서 자기최면을 건 결과 임신에 성공했다는 연구 결과도 있다.

자기최면법은 꿈을 이루는 데도 도움 된다. 현재법은 미래법보다 강력한 힘을 발휘한다. "열심히 노력해서 꼭 선생님이 될 거야"라는 다짐을 반복하면 좀더 쉽게 꿈을 이룰 수 있다. 하지만 "나는 선생님이다"와 같이 현재법으로 주문을 외우면 꿈을 이루기가 더 쉽다.

현재법으로 진행하는 자기최면법의 효과가 강력한 이유는 앞에서도 말했듯이 자기최면법이 무의식을 바꿀 수 있기 때문이다. 무의식이 바뀌면 행동은 저절로 바뀐다. "나는 선생님이다"라고 자기최면을 걸면 자기도 모르는 사이에 선생님처럼 행동한다. 말도 조심스럽게 하고, 다른 사람의 눈살을 찌푸리게 할 행동은 하지 않는다.

무의식만이 행동을 바꾸는 것은 아니다. 의식적인 생각이 바뀌어도 행동이 바뀐다. 하지만 한계가 있다. 무의식이 바뀌면 자연스럽게 행동이 뒤따르지만 의식이 바뀌었을 때는 의식적으로 노력해야 행동이 바뀐다. 의식적인 행동 변화도 자꾸 되풀이해 습관화되면 무의식이 되기는 한다.

공무원시험을 준비할 때 나는 끊임없이 '나는 공무원시험에 합격했다'는 주문을 내 자신에게 걸었다. 그때는 자기최면법이라는 것을 몰랐을 때인데, 합격하겠다는 의지를 다지는 것만으로는 성에 차지 않았다. 좀더 강력하게 나를 다잡아줄 무언가가 필요했다. 그래서 시험을 준비하면서 이미 시험에 합격했다는 주문을 외우기 시작했는데, 효과가 있었다. 처음에는 '나는 공무원시험에 합격했다'라는 자기최면을 걸면서도 믿기지가 않았는데, 시간이 지날수록 합격한 것은 기정사실이고, 이미 공무원이 된 것처럼 느껴졌다.

자기최면에 빠져들수록 시험공부도 잘 되었다. 막판에는 화장실에도 가지 않고 오랜 시간 앉아 공부에 몰입했다.

그런데 시험이 채 10여 일도 남지 않았을 때 갑자기 위경련이 일어났다. 장이 끊어질 것처럼 아프고, 숨을 쉴 때마다 통증이 밀려와 숨을 제대로 쉴 수도 없었다. 허겁지겁 병원에 갔더니 담석이 생겼다고 했다. 담석이 커서 수술로 제거해야 한다는데, 너무 억울했다. 수술하면 시험을 보는 것은 불가능했기 때문이다. 그동안 세상과 담 쌓고 시험 준비에만 올인하기도 했거니와 무엇보다 자기최면으로 시험만 보면 합격한다는 생각이 굳어져 더 억울했던 것 같다. 다행이 기적처럼 수술을 앞두고 담석이 소변과 함께 배출되어 아픈 배를 붙잡고서라도 겨우 시험을 볼 수 있었다.

자기최면만으로 꿈을 이룰 수는 없다. 하지만 현재법으로 자신의 마음을 다스리면 무의식이 변하고, 그로 인해 행동이 바뀌기 때문에 확실히 꿈을 이루는 데 도움 된다. 믿기 어렵다면 지금부터라도 현재법으로 꿈을 꿔볼 것을 권한다.

현재법에
이미지를 더하라

자기최면법은 크게 세 단계로 진행된다. 경우에 따라서는 다섯 단계로 나누기도 하지만 세 단계로 진행해도 큰 무리가 없다.

첫 번째 단계는 명상이다. 몸과 마음이 편안해야 최면이 잘 든다. 편안한 자세로 앉아 눈을 감고 천천히 호흡을 하거나 편안한 음악을 들으면 몸과 마음을 안정시키는 데 도움 된다.

두 번째 단계는 현재법으로 하는 자기 주문이다. 주문은 속으로 외우는 것보다는 입으로 소리를 내며 말하는 것이 효과적이다. 자신의 소리를 귀를 통해 들으면 더 무의식에 잘 침투된다.

마지막 단계는 구체적인 이미지를 만드는 것이다. 꿈을 이룬 자신의 모습을 가능한 한 상세하게 이미지로 그려본다. 이미지를 구체적으로 상상할수록 꿈을 이룰 가능성도 커진다.

꿈을 이룬 사람들은 대부분 마치 현실처럼 생생한 꿈을 꾼다는 공통점을 지니고 있다. 세계적인 영화감독 스티븐 스필버그는 어렸을 때부터 영화감독이 된 미래의 자신의 모습을 상상하곤 했다. 그는 12살 때부터 영화감독이 되겠다는 꿈을 꾸기 시작했다. 어린 시절을 함께 보냈던 친구의 말에 의하면 그는 아주 생생하게 꿈을 꾸었다고 한다. 아카데미 시상식에 참석해서 상을 타고 관객들에게 인사하는 장면을 상상하며 친구들에게 이야기했기 때문에 그의 꿈을 모르는 친구들이 없었다. 구체적으로 생생하게 꿈을 꾼 결과는 굳이 말하지 않아도 잘 알 것이다.

화가로서의 명예와 부를 다 거머쥔 피카소도 생생하게 꿈을 꾼 사람 중 한 명이었다. 30대 초반에 엄청난 부를 모았기 때문에 그가 화가가 되자마자 승승장구한 줄 아는 사람들도 있지만 그에게도 10년이 넘는 긴 무명 시절이 있었다. 그 기간 동안 그는 끊임없이 부와 명예를 다 잡은 자신의 모습을 구체적으로 상상했다. 상상하는 것만으로는 부족해 "나는 그림으로 억만장자가 될 것이다", "나는 미술사에 한 획을 긋는 화가가 될 것이다"라고 말했다고 한다. 그는 상상한 대로 꿈을 이루었다.

운동선수들 중에도 생생하게 꿈을 이룬 자신의 모습을 상상해 현실로 만든 사람들이 많다. 소치동계올림픽 500미터 스피드 스케이팅에서 금메달을 딴 이상화 선수는 훈련할 때마다 실수 없이 스케이팅을 타는 모습을 그렸다고 한다. 머릿속에서도 실제로 경기하듯 발과 팔 동작 하나하나까지 세세하게 그리면서 경기하는 자신의 모습을 그린 덕분에 실수 없이 무사히 경기를 치렀고, 올림픽 2연승의 영광을 누릴 수 있었다.

나도 꿈을 꾸면 아주 구체적으로 꾸는 편이다. 이미 이루었다고 자기최면을 거는 것은 물론이고, 꿈을 이룬 후의 모습을 생생하게 그린다. 예를 들어 강사의 꿈을 꿀 때는 연단 위에서 수많은 사람들과 눈을 맞추며 소통하는 내 모습을 상상하곤 했다. 단순히 강연하는 모습만을 그리는 것이 아니라 표정, 손짓, 움직이는 동선까지 그렸다.

꿈을 이룬 모습을 생생하게 상상하는 일은 언제나 즐겁다. 우리 뇌는 생각보다 단순해서 현실과 상상을 잘 구별하지 못한다. 생생하게 상상하면 할수록 현실인 양 착각하고 이미 꿈을 이룬 사람처럼 행동하게 만든다. 그러면서 상상은 현실이 되므로 간절한 꿈일수록 구체적으로 선명하게 상상하는 것이 좋다.

PART 4

혼자보다
함께 꿈꿀 때
더 행복하다

꿈을 알리고 나누면
더 빨리 이룬다

'병은 알려야 낫는다'라는 말이 있다. 처음 병에 걸리면 사람들은 대부분 자신이 그런 몹쓸 병에 걸렸을 리 없다며 애써 부인한다. 입 밖으로 내면 스스로 병에 걸렸음을 인정하게 될까 봐 다른 사람에게 알리지도 않는다. 그러는 동안 병은 점점 깊어져 나중에는 손도 쓰지 못할 정도로 악화되는 경우가 비일비재하다.

병을 고치고 싶다면 다른 사람들에게 알려야 한다. 병을 알리면 어떤 형태로든 돕고 싶어하는 사람들이 생긴다. 마음으로 위로하는 사람들도 나타나고, 병을 고치는 데 도움 되는 정보를 제공하는 사람들도 나타난다. 그렇게 다른 사람들의 격려와 도움을 받으면 병을 고치기가 한결 수월해진다.

꿈도 이와 다를 바 없다. 너무나 소중한 꿈이어서 아무에게도 알리지 않은 채 혼자만 간직하고 싶을 수도 있지만 병을 알려야 빨리 낫듯이 꿈도 다른 사람에게 많이 알리면 알릴수록 꿈을 이루는 속도가 빨라질 수 있다.

꿈을 알리면
강제력이 생긴다

많은 사람들이 분명 꿈이 있음에도 입에 올리기를 꺼려한다. 왜 그럴까? 혼자서만 간직하며 조용히 그 꿈을 이루기 위해 노력하고 싶어 그럴 수도 있지만 그보다는 꿈을 이루겠다는 의지와 이룰 수 있다는 확신이 부족하기 때문이 아닐까 싶다.

만약 그런 이유라면 더더욱 꿈을 알려야 한다. 꿈을 알리는 것은 자랑하고 싶어서가 아니다. 꿈을 알린다는 것은 스스로 그 꿈을 이루기 위해 노력하겠다는 의지를 다지는 출사표와 같다. 꿈을 혼자서만 속으로 생각할 때는 언제든 쉽게 바꿀 수 있지만 다른 사람에게 알리는 순간 그 꿈은 내가 이루어야 할 약속이 된다. 혼자서만 꿈을 꿀 때는 설령 그 꿈을 이루지 못해도 자신 외에는 아무도 모르지만 꿈을 알렸을 때는 약속을 지키지 못한 싱거운 사람이 되고 만다.

사람은 누구나 의지가 약하다. 간혹 혀를 내두를 정도로 의지가 강한 사람도 있지만 대부분의 사람들은 작은 외풍에도 쉽게 흔들릴 정도로 약하다. 혼자서 스스로를 강제하며 자기와의 약속을 지킬 수 있는 사람들은 극히 드물다. 그래서 자신과의 약속을 밖으로 꺼내 다른 사람에게 알려야 한다.

해마다 연초에는 수많은 남성들이 담배를 끊겠다고 결심한다. 하지만 작심삼일로 끝나는 경우가 태반이다. 그나마 여러 사람 앞에서 금연선언을 한 사람은 좀더 오래 간다. 사람들에게 내뱉은 약속을 저버리는 것이 부끄럽고 창피해 좀더 자신을 강제하기 위해 노력하기 때문이다. 아무도 몰래 금연을 결심했던 사람일수록 스스로를 강제할 장치가 없어 쉽게 무너진다.

나는 20대 때 꿈의 로드맵을 완성한 후 기회가 있을 때마다 꿈을 알린다. 다른 사람들과 내 꿈을 공유하는 것이 즐겁다. 10년마다 직업을 바꾸는 조금은 독특한 꿈을 꾸다 보니 사람들의 반응도 천차만별이다. 어떤 사람은 과연 10년마다 직업을 바꾸는 것이 가능할까 의심하기도 하고, 어떤 사람은 다양한 꿈을 꾸는 나를 부러워하고 더 많은 이야기를 듣고 싶어한다.

어떤 반응이든 사람들이 내 꿈을 듣고 보여주는 반응은 적잖은 자극이 된다. 의심스런 시선을 보내는 사람들은 반드시 꿈을 이루어 가능하다는 것을 보여주고 싶다는 마음을 품게 하고, 부러워하고 궁금해 하는 사람들은 내가 뱉은 말에 책임을 느끼게 만든다. 신중하게 꿈을 꾸게 만들어주기도 한다.

꿈의 로드맵은 상황에 따라, 시대 흐름에 따라 얼마든지 바뀔 수 있지만 그렇다고 변덕스러워서는 안 된다. 어제 말한 꿈과 오늘 말한 꿈이 다르고, 내일 말하는 꿈이 또 달라지면 사람들은 꿈을 말한다고 생각하지 않는다. 그저 변덕을 부리는 것으로 이해하고 더이상 관심을 두지 않는다. 꿈을 알리기 전에 자기 내부에서 충분한 고민과 검증이 필요하다. 그렇게 신중하게 선택한 꿈이어야 스스로의 의지를 다지고 강제하기가 쉽다.

꿈을 공유하면
시너지가 생긴다

내 꿈을 알린다는 것은 다른 사람과 내 꿈을 공유하는 것과 같다. 병을 알려야 다른 사람들의 도움을 받을 수 있듯이 꿈도 알려 공유하면 가만히 있어도 도와주고 싶어하는 사람들이 많이 생긴다.

내 꿈을 다른 사람들과 함께 공유하는 것을 좋아하면서도 한 번도 누군가의 도움을 기대하며 꿈을 말한 적은 없다. 꿈을 말하면서 나와의 약속을 확인하고, 꿈을 공표했으니 그만큼 더 열심히 노력하겠다는 의지를 다지기 위해 꿈을 알렸다.

그럼에도 내 꿈을 아는 사람들이 늘어나면 늘어날수록 도움의 손길도 많아졌다. 공무원으로 일할 때도 그랬지만 강사로 자리를 잡는 데 참 많은 사람들의 도움을 받았다. 공무원 시절에 직접 사내 강사로 강연하기도 하고, 좋은 강사를 초빙해 강연을 듣는 교육 프로그램을 많이 진행했다. 그러다 보니 자연스럽게 기업이나 단체의 교육담당자들을 알게 되었는데, 그들에게도 40대의 꿈이 강사라고 알리곤 했다. 고맙게도 그들이 공무원을 그만두고 강사를 시작했다는 소식을 듣고 강연을 많이 연결해주었다. 덕분에 강사 생활을 시작한 지 3년도 채 안 돼 자타가 공인하는 유명 강사 대열에 합류할 수 있었다. 10년을 목표로 시작했는데 불과 3년 만에 정상 궤도에 오를 수 있었던 것은 다 꿈을 다른 사람들과 공유한 덕분이다.

강사들을 관리, 지원하는 회사를 만들고 싶다는 꿈도 도움을 많이 받았다. 40대 강사의 꿈을 예상보다 일찍 이루어 50대의 꿈을 일찍 앞당길 수 있었다.

2013년 11월 법인을 설립했는데, 그 과정에서도 역시 다른 사람들의 도움을 많이 받았다.

창립 멤버 중 한 명은 강사들을 체계적으로 지원하는 회사를 세우고 싶다는 내 꿈을 듣고 언제부터인가 계속 물었다.

"언제 회사를 차릴 건가요?"

"아직 준비 중입니다."

"그래요? 곧 시작하게 되실 겁니다. 그때는 저와 함께 일하게 되실 거예요."

처음에는 농담인 줄 알았다. 하지만 그는 정말 창립 멤버가 되어 물심양면으로 나를 도왔다. 자기 회사를 키우듯이 열과 성을 다해 일했고, 정말 능력 있는 사람들을 직원으로 데려왔다. 직원 몇 명 되지도 않는 작은 회사가 눈에 차지 않았을 정도로 능력이 뛰어난 그들이 창립 멤버를 믿고 선선히 스카우트 제의를 수락했다. 나 혼자였다면 불가능했을 일이다.

거꾸로 내가 도움을 준 경우도 많다. 서로의 꿈을 공유하면 자연스럽게 도울 수 있는 기회가 생긴다. 강연을 하다 보면 다양한 계층의 사람들을 많이 만난다. 학생부터 종교인, CEO까지 다양한데, 서로 알면 도움으로 이어진다. 예를 들어 착실한 직원을 뽑고 싶어하는 CEO와 일자리를 구하는 20대를 자연스럽게 연결해주기도 했고, 금융권에 취업하고 싶어하는 대학생에게 금융권에서 근무하는 직장인을 소개시켜 취업에 도움 될 만한 정보를 얻을 수 있게 도와주기도 했다. 꿈을 공유하지 않았으면 누가 어떤 도움을 필요로 하고, 그 도움을 줄 수 있는 사람이 누구인지 알 수가 없었을 것이다.

꿈을 알리는 것만으로도 시너지 효과가 나지만 적극적으로 꿈을 나누고 남을 도우면 더 빨리 꿈을 이룰 수 있다. 나는 20대 때 비보이를 꿈꿀 때도, 30대 때 일 잘하는 공무원을 꿈꿀 때도 늘 다른 사람들과 함께했다. 20대 때는 혼자 춤을 추는 대신 댄스 서클을 만들어 다른 친구들과 함께 춤을 추었다. 춤을 배우고 싶어하는 친구들에게 어렵게 배운 춤을 아낌없이 가르쳐주었다. 얼핏 생각하면 다른 사람을 가르치면서 내 춤을 발전시킬 시간을 많이 빼앗겼다고 생각할 수도 있다. 믿기 어려울 수도 있지만 내가 비보이로서 유명세를 떨칠 수 있었던 힘은 혼자 추지 않고 함께 춤을 춘 데서 나왔다. 춤을 가르치고 함께 출 춤의 안무를 짜면서 춤 실력이 일취월장했다.

공무원 때도 다른 사람들의 업무를 돕는 데 주저하지 않았다. 일 잘하는 공무원이 되고 싶어 공무원이 되기 전에 이미 엑셀을 비롯한 업무용 소프트웨어를 익혔는데, 실제 업무를 처리하는 데 큰 도움이 되었다. 신입 공무원이 엑셀을 잘 다룬다는 소문이 돌자 다른 부서에서 도움을 요청하는 일이 많았는데, 가능한 한 적극적으로 도와주었다.

다른 사람을 돕는 데서 오는 기쁨도 컸지만 실력도 눈에 띄게 늘었다. 다른 사람을 도우려면 좀더 확실하게 제대로 알아야 한다. 어설프게 알아서는 남을 가르칠 수가 없다. 다른 사람과 함께 엑셀을 공유하다 보니 더 깊게 엑셀을 파고들어야 했고, 그 덕분에 전 세계에서 엑셀을 가장 잘 쓰는 사람들에게만 수여되는 엑셀 MVP에도 선정되고, 일 잘하는 공무원으로 인정받을 수 있었다.

이처럼 꿈은 알리고 공유할수록 이루기가 쉽다. 지금부터라도 머뭇거리지 말고 자신의 꿈을 가까운 주변 사람들에게 알려보자. 꿈을 함께 공유할 사람들이 많으면 많을수록 시너지 효과도 커지기 때문에 처음에는 가까운 주변 사람부터 시작해 꿈을 공유할 사람들을 확대해보기 바란다. 꿈을 이루는 과정이 더 즐겁고 재미있어질 것이다.

함께 꿈을 꾸려면
협상하라

다른 사람에게 꿈을 알렸을 때 반드시 지지와 응원을 받는 것은 아니다. 강력한 반대에 부딪히는 경우도 적지 않다. 꿈이 비현실적이거나 꿈이 만만치 않아 꿈을 이루려면 온갖 고생을 감수해야 할 때 주로 쌍수를 들고 반대한다.

나와 직접적으로 큰 관련 없는 사람들의 반대와 우려는 무시할 수 있다. 하지만 부모님이나 형제자매처럼 피를 나눈 가족의 반대는 다르다. 내 꿈을 이루겠다고 가족에게 씻을 수 없는 상처를 주면서까지 꿈을 고집하기란 정말 쉽지 않다. 그래서 어떤 사람들은 가족을 포기할 수 없어 대신 꿈을 포기한다. 가족이 마음에 걸리지만 꿈이 강렬해 도저히 포기할 수 없을 때는 가족과 등을 지는 사람들도 있다.

꿈과 가족 중 어느 하나를 포기해야 하는 극단적인 방법밖에는 없는 것일까? 반대하는 가족을 내 편으로 만들어 꿈을 이룰 수 있는 방법은 없을까? '협상'하면 가능하다.

설득보다
협상이 먼저다

애써 찾은 꿈을 가족이 반대하면 처음에는 설득한다. 진심을 다해 자신이 왜 그런 꿈을 꾸게 되었는지, 얼마나 간절하게 그 꿈을 꾸고 있는지 열변을 토한다. 진심을 다하면 하늘도 감동시킨다는데 가족도 결국 자신의 진심을 이해하고 알아줄 것이라고 기대하면서 말이다.

진심이 통하는 경우도 많다. 하지만 진심이 무력한 경우도 적지 않다. 그런 경우에는 양쪽 모두 상처를 입는다. 가족은 가족대로, 나는 나대로 서로를 설득하지 못했다고, 서로를 이해해주지 못한다며 원망한다.

가족을 내 편으로 만들려면 설득보다 먼저 협상해야 한다. 가족이 꿈을 반대하는 이유는 그 꿈 때문에 미래가 불투명해질까 두렵기 때문이다. 꿈이 이루어지기도 힘들어 보이고, 설령 꿈을 이룬다 해도 여전히 삶이 고생스러울 것이라고 생각할 때 결사적으로 반대한다. 그런 가족은 말만으로는 안심시킬 수 없다. 그렇지 않다는 것을 확인시켜줄 수 없다. 보다 현실적인 거래, 협상이 필요하다.

처음 아버지에게 춤을 추고 싶다고 말했을 때 아버지의 표정이 지금
도 생생하다. 마치 미친놈을 보듯 하는 표정이었다.

"네가 정신이 있는 놈이냐! 종손이 춤을 추겠다는 게 말이 되냐?"

"춤이 좋아요. 재미로 춤을 추는 게 아니라 춤으로 사람들의 마음을 움
직이고 변화시키고 싶으니 허락해주세요."

내게 춤이 어떤 의미인지, 왜 춤을 추고 싶은지를 열심히 설명해도 아
버지는 요지부동이었다. 아버지의 마음을 모르는 바는 아니었다. 내 고
향 전북 장수는 산골짜기에 있는 곳이라 대학에 가는 경우가 드물었다.
우리 집안에서도 대학은 내가 처음이었다. 아버지는 대학생인 나를 자
랑스러워하며 내가 대학을 졸업하면 좋은 직장에 취업해 집안에 큰 보
탬이 될 것이라 믿어 의심치 않았다. 그런 아들이 춤을 추고 싶다고 하니
반대하는 것이 당연했다.

"그럼 춤도 추면서 공부도 열심히 하겠습니다. 장학금 받고 다닐 테니,
허락해주세요."

사실 공부는 하고 싶지 않았다. 고등학교 담임선생님의 권유로 공대
에 진학했지만 너무 재미없었다. 그 재미없고 지루한 공부를 할 생각을
하니 앞이 캄캄했지만 아버지를 설득하려면 현실적인 협상 카드가 필요
했다. 아버지는 학업은 뒤로 하고 춤만 추다 내 인생 망가질까 걱정하는
것이니 공부도 열심히 하겠다는 카드를 내밀면 아버지의 마음을 움직일
수 있을 것 같았다. 다행히 협상 카드는 효과가 있었다. 아버지는 어렵게

춤을 허락해주었다.

협상은 내가 하고 싶은 것을 하기 위해 하기 싫은 것도 하는 것이다. 많은 사람들이 다른 사람 눈치 보지 말고 하고 싶은 것을 하라고 하지만 어디까지나 혼자, 자신만을 위한 꿈을 꿀 때의 이야기다. 사랑하는 사람들과 함께 꿈을 꿀 때는 나만 좋다고 다른 사람들이 싫어하는 일을 고집해서는 안 된다.

아버지와의 약속대로 재미없다고 놓았던 전공 공부를 다시 시작했다. 협상하기 전에는 도저히 할 수 없을 것 같았던 공부가 장학금을 받아야 춤을 출 수 있다고 생각하니 할 만했다. 춤은 하루라도 연습하지 않으면 금방 티가 난다. 춤을 연습하는 시간을 줄일 수가 없으니 잠을 줄여 공부할 수밖에 없었다. 하루 4시간만 자는 습관은 그때부터 생겼다. 열심히 공부한 덕분에 1학년 때 바닥이었던 성적이 큰 폭으로 올라 장학금을 받을 수 있었고, 춤도 계속 출 수 있었다.

춤과 학과 공부를 병행하는 일은 서클에까지 확대되었다. 한 회원 부모님 때문이었다.

어느 날 회원 부모님이 나를 찾아와 "왜 애를 망쳐놓느냐?"며 원망했다. 서클에 가입하기 전에는 착실하고 모범적이었는데 춤을 추면서 변했다는 것이었다. 나도 평생 춤을 출 생각은 없었다. 20대까지만 춤을 출 생각이었고, 춤을 업으로 삼겠다는 회원들도 없었다. 모두들 취미활동으로 춤을 추는데, 공부는 하지 않고 춤만 추는 것은 문제였다. 부모님 가슴에 대못을 박으면서 춤을 추면 안 된다는 생각에 '나래짓 회원은 평균 학점이 B 이하로 떨어지면 강제탈퇴시킨다'는 공고를 냈다.

지금 생각해도 그때 그런 결정을 잘했다는 생각이 든다. 지금은 그때 만들었던 학점 규정이 없어진 것으로 알고 있다. 춤과 공부를 병행하는 것이 쉽지는 않았지만 반강제적으로 그런 규정을 만든 덕분에 나를 포함한 회원들이 가족과 원만한 관계를 유지할 수 있었다.

협상은 구체적인
약속이다

아내는 연애할 때부터 내 꿈을 알았다. 비보이의 꿈을 이루고 공무원의 꿈을 시작할 때는 적극적으로 격려하고 응원했다. 비보이보다 공무원이 훨씬 더 안정적인 직업이니 마다할 이유가 없었다. 게다가 아내 자신도 공무원이다 보니 더 좋아했다.

하지만 공무원을 그만하고 강사가 되겠다고 할 때는 달랐다. 이미 40대가 되면 강사가 되는 꿈을 꾸고 있다는 것을 알고 있으면서도 반대가 심했다. 공무원을 하는 동안 몇 번씩 다음은 강사가 될 차례라고 말했는데도 설마 했던 것 같다.

아내는 많이 불안해했다. 아내가 불안해하는 가장 큰 요인은 경제적인 문제였다. 공무원은 일반 기업에 비해 월급은 적지만 정년이 보장되어 있다는 매력이 있다. 또한 연금이 일반 기업보다 좋아 정년까지 공무원으로 일하면 안정적으로 연금을 받을 수 있었다. 그런 직업을 자진 사퇴하고 불안정한 강사의 세계로 뛰어든다고 하니 불안은 쉽게 가라앉지 않았다.

"걱정 마. 첫 해는 자리 잡는 데 시간이 걸리니까 공무원 때 받았던 월급은 꼭 맞춰줄게. 대신 1년이 지날 때마다 50만원씩 더 올려줄게. 너무 불안해하지 마."

공무원을 그만둘 즈음 내가 받던 월급이 250만원이었다. 그 돈은 우리 가족의 생계를 위해 꼭 필요한 돈이었다. 아내가 교사의 꿈을 이루어 맞벌이하고는 있었지만 아내의 월급만으로 세 아이를 키우는 것은 무리였다. 내 꿈을 이루자고 모든 경제적인 부담을 아내에게 떠넘기는 것도 가장으로서 할 일은 아니었다. 그래서 어떻게든 꼭 월급 수준은 맞춰주겠다고 약속했는데도 아내는 믿지 못했다.

"정말 그렇게 할 수 있어? 증거를 보여줘."

근거 없는 약속만큼 허망한 것도 없다. 아내에게 적어도 공무원으로 일할 때만큼은 벌 수 있다는 것을 증명해 보이기 전에 내가 먼저 확인해야 했다. 이미 내 자체의 확인은 끝난 상태였다.

공무원을 그만두기 전에 파사모, 즉 파워포인트를 사랑하는 모임에서 만난 우석진 씨와 '우정클럽'을 만든 적이 있다. 우정클럽은 우석진 씨의 '우'와 정진일의 '정'을 따서 만든 이름이다. 우석진 씨는 PPT, 즉 파워포인트를 감각적인 디자인을 가미해 만드는 데 탁월했다. 사진을 중심으로 만들었는데, 다른 사람이 만든 것과는 비교도 안 될 정도로 멋지고 감각적이었다. 반면에 나는 디지털 미디어를 활용한 디지털 스토리텔링에 강했다.

디자인 감각은 우석진 씨에 미치지 못하지만 디지털 콘텐츠를 만들고 프레젠테이션에 접목하는 부문에서는 내가 강했다. 둘의 강점을 결합해 만든 것이 우정클럽으로, 반응은 폭발적이었다. 8시간 과정이었는데, 1인당 20만원을 받았는데도 꽤 많은 사람들이 몰렸다. 한 번에 20명씩 10여 차례 강의를 했다.

아내에게 우정클럽을 통해 번 수입을 공개했다.

"교육 과정이 1인당 20만원이야. 한 번에 20명 정도 강의를 듣는데, 하루 강의실 임대료, 밥값, 기타경비를 빼도 250만원에서 300만원은 충분히 남아. 하루 8시간 강의해서 몇 백을 벌 수 있어. 꿈이 아니야. 실제로 강의하고 얻은 결론이니까 믿어도 돼."

실제로 경험해 얻은 구체적인 자료를 토대로 약속을 지킬 수 있음을 확인시켜주자 그제야 아내는 믿어주기 시작했다. 협상할 때는 단순히 하겠다는 의지도, 할 수 있다는 허풍이 아니라 현실적으로 가능한 구체적인 약속을 하는 것이 중요하다. 그래야 상대방이 불안감을 덜고 마음을 바꿀 수 있다.

지금 아내는 내 꿈을 지지하는 가장 든든한 지원자가 되었다. 그것은 강사가 되기 전, 구체적으로 했던 약속들을 지금까지 착실하게 지킨 덕분이다.

아낌없이 주는 나무가
큰 나무가 된다

"아무도 몰라, 며느리도 몰라."

1990년대 중후반쯤 등장했던 CF로 기억한다. 소문난 맛집을 운영하는 할머니에게 맛의 비결이 궁금해 물었는데, 할머니는 웃으며 아무도 모른다고 대답했다. 원래 며느리는 시어머니로부터 집안의 비법을 전수받아 대를 이어야 하는 존재다. 그런 며느리에게까지 비밀로 할 정도로 특별한 비법임을 강조한 CF인데, 개인적으로는 그 CF가 재미있지도, 감동적이지도 않다.

많은 사람들이 노하우를 공개하기를 꺼린다. 오랜 시간 수많은 시행착오를 거쳐 터득한 노하우라면 다른 사람에게 주기가 아까울 수 있다. 하지만 노하우를 혼자만 움켜쥐고 있으면 성장하기 어렵다. 꼭꼭 감춰둔다고 다른 사람들이 끝내 모르는 것도 아니다. 시간이 조금 더 걸릴 뿐, 사람들은 필요한 노하우는 어떻게든 결국 알아낸다.

더 큰 문제는 노하우를 지키느라 애쓰는 동안 스스로를 성장시킬 기회를 잃는다는 데 있다. 노하우를 공개하면 남들과 경쟁력을 갖추기 위해서라도 또 다른 노하우를 만들어야 한다. 그러면서 더 발전하고 성장한다. 자기 것을 움켜쥐고 제자리걸음을 할 것인가? 아니면 아낌없이 주면서 앞으로 한 걸음씩 나갈 것인가? 성장을 위해 무엇을 선택할지는 자명해 보인다.

이왕이면
가장 아끼는 것을 주어라

나한테는 필요 없는 것일지라도 다른 사람에게는 유용한 것이 있다. 그런 것을 주는 것도 좋지만 이왕이면 가장 아끼는 것을 주는 것이 더 좋다. 나한테 필요 없는 것을 주면 오히려 상대방의 기분을 상하게 할 수도 있다. 나한테 필요 없는 것은 대부분 다른 사람들에게도 그다지 가치 없는 경우가 많기 때문이다.

나는 다른 사람에게 무언가를 줄 때는 내가 갖고 있는 것들 중에서 가장 좋은 것, 가장 아끼는 것을 주려고 노력한다. 물론 처음에는 쉽지 않았다. 본격적으로 강사로 활동하기 전에 강의에 바로 활용할 수 있는 디지털 스토리텔링 콘텐츠 소스를 공개한 적이 있다. 일찍부터 엑셀과 파워포인트를 배우고 최신 컴퓨터 기술에 관심을 가진 덕분에 공무원 시절에 동영상과 플래시 같은 디지털 미디어를 활용한 강의를 했다. 지금이야 강의나 강연을 할 때 디지털 스토리텔링 콘텐츠를 보여주는 것이 보편화되었지만 내가 처음 동영상과 플래시를 접목했던 2007년만 하더라도 디지털 미디어를 자유롭게 활용할 수 있는 사람이 많지 않았다.

디지털 스토리텔링 콘텐츠를 제작하기는 매우 어렵다. 시나리오를 만들고, 시나리오에 맞는 디지털 미디어를 준비해 편집하는 등 해야 할 일이 많았다. 디지털 스토리텔링 콘텐츠를 제작하는 데 기본적으로 일주일이 걸렸고, 어떤 작품은 한 달 이상의 시간이 걸리기도 했다. 그렇게 어렵게 만들다 보니 솔직히 남 주기가 아까웠다. 디지털 스토리텔링 콘텐츠는 만들기는 어렵지만 일단 만들어 놓으면 그 효과는 엄청나다. 강의에 상당한 임팩트를 부여한다. 사진과 텍스트로만 구성된 PPT로 강의할 때와 디지털 스토리텔링 콘텐츠를 보여주면서 할 때는 사람들의 반응이 확연히 다르다. 그렇게 강력한 콘텐츠를 다른 사람에게 공개하는 데는 나름 큰 결심이 필요했다.

결심하는 데 오랜 시간이 걸리지는 않았다. 삼성경제연구소 안에는 강사와 관련된 사이트가 두 개가 있다. 사단법인 한국명강사협회와 디지털 프레젠테이션 리더의 약칭인 디프리였는데, 디프리 사이트에 디지털 스토리텔링 콘텐츠를 공개했다. 동영상 자료만 올린 것이 아니라 동영상을 만들 수 있는 디지털 미디어 소스까지 오픈해서 통째로 다 올렸다. 반응은 폭발적이었다. 소스가 공개되자마자 댓글이 몇 백 개가 달렸다. 유용한 자료를 공개해주어 고맙다는 내용이 대부분이었다.

고마워하는 사람들을 보니 공개하기를 잘했다는 생각이 절로 들었다. 나 혼자만 움켜쥐고 있었다면 나만 쓰다 시간이 지나면 퇴색해 가치가 떨어졌을 텐데, 수백 명이 함께 쓰니 그 가치가 수백 배로 커졌다. 수많은 강사들이 동영상을 활용해 좀더 임팩트 있는 강의를 하면 강의를 듣는 사람들도 더 즐겁게 듣고 더 많은 것을 얻어갈 수 있을 것이다. 그러면서 자료의 가치가 또 커지므로 공개한 보람도 컸다.

내게 소중하지만 남에게도 꼭 필요한 것을 주면 이처럼 파급 효과가 크다. 내 노하우나 다름없는 디지털 스토리텔링 자료를 공개한 덕분에 본격적으로 강사로 나서기도 전에 유명해진 것도 사실이다. 부끄럽게도 강사들 사이에서는 나를 '큰 강사'로 부르기도 했다고 한다.

처음이 어렵지 일단 아끼는 것을 주고 나니 주는 것이 한결 수월해졌다. 디지털 스토리텔링 자료를 공개한 후 다른 콘텐츠도 제공받을 수 있는지 묻는 사람들이 많은데, 주저하지 않고 아낌없이 주는 편이다. 현재 강의나 강연에 활용하고 있는 콘텐츠가 대부분인데도 아깝지 않다. 오히려 내게는 소중하고 유용한 콘텐츠인데 혹시라도 받는 사람에게는 도움이 되지 못하는 것은 아닐까 걱정스럽다.

주면서 성장하고,
주면서 얻는다

사람들은 대부분 내 것을 주면 그만큼 내 것이 없어져 손해라고 생각한다. 단기적으로 보면 그렇게 느낄 수도 있다. 하지만 지금까지의 경험으로 보면 다른 사람에게 무언가를 주면 항상 그 이상이 내게 돌아왔다. 다만 돌아오는 시기와 형태가 제각각 다를 뿐이다. 어떤 경우에는 즉각적으로 돌아오고, 어떤 경우에는 일주일, 한 달, 1년 혹은 더 많은 시간이 흐른 후에 돌아오기도 한다.

우정클럽을 할 때의 일이다. 공무원으로 일할 때 서울에서 좋은 강의가 있을 때마다 들으러 서울로 올라왔다. 보통 강의가 아침 9시부터 오후 6시까지 하는데, 그 강의를 들으려면 새벽에 올라왔다 밤늦게 다시 전주로 내려가야 했다. 당연히 아침과 저녁은 먹기가 힘들었다. 점심은 강의를 주최하는 곳에서 주는 경우도 있고, 주지 않는 경우도 있어 점심까지 편의점에서 간단히 때워야 할 때도 많았다. 서울에 사는 사람들이야 아침, 저녁 걱정할 필요도 없고, 교통도 편했지만 나처럼 지방에서 서울로 온 사람들은 밥값과 교통비 부담이 컸다. 그래서 우정클럽에서 강의할 때 함께 강의했던 우석진 씨에게 아침, 점심, 저녁을 다 주자고 제안했다.

"우리 아침, 점심, 저녁 다 줘요. 이왕이면 싼 거 말고 제일 맛있고 비싼

걸로 줘요."

하루 세끼를, 그것도 비싸고 맛있는 음식을 제공하려면 수익이 남지 않는다. 수익만 생각한다면 쉬운 일이 아니었지만 돈보다는 사람을 얻고 싶었다. 우정클럽에 온 사람들로부터 정말 좋은 강의를 들었다는 소리도 듣고 싶었지만 정말 좋은 사람 만나고 왔다는 소리를 더 듣고 싶었다. 그도 흔쾌히 동의했다.

점심과 저녁은 맛있는 식당에서 주문했지만 아침은 너무 일러 마땅하게 이용할 만한 식당이 없었다. 우석진 씨의 와이프가 해결사로 나섰다. 음식 솜씨가 소문난 분이었는데, 손수 샌드위치를 만들었다. 과일은 내가 준비했다. 소박하지만 맛있는 뷔페처럼 아침식사를 제공하고, 점심과 저녁까지 제대로 대접하니 사람들이 무척 좋아했다.

돈 욕심을 조금 버리고 식사를 제공한 덕분에 우정클럽 때 만난 사람들을 고스란히 얻었다. 우정클럽 강의가 한 번에 20명씩 10차까지 진행했으니 약 200여 명이 강의를 들은 셈인데, 지금까지 거의 대부분 연락하며 지낸다. 단순히 연락만 하며 지내는 것이 아니라 대형 강의 프로젝트를 진행할 때 도움을 요청하면 자기 일처럼 발 벗고 나서서 도와주는 이들도 많다. 그때 강의를 들었던 사람들이 대부분 강사이거나 강사를 희망하는 분들이어서 거꾸로 강의나 강연을 연결해주는 경우도 많다. 또한 내가 무엇을 하더라도 관심을 갖고 응원해준다.

확실히 다른 사람에게 주는 모든 것은 반드시 부메랑이 되어 내게 돌아온다. 하지만 돌아오지 않더라도 주어야 하는 이유는 분명하다. 주는 것만으로도 더 크게 성장할 수 있는 기회를 얻기 때문이다. 예를 들어 아끼는 노하우를 공개하면 그 이상의 노하우를 갖추어야 하기 때문에 더 노력할 수밖에 없다. 주고 텅 빈 상태로 남아 있으면 경쟁력이 약해지기 때문에 준 것 이상으로 더 많은 것을 채우기 위해 노력해야 한다. 그렇게 노력하다 보면 어느새 몰라보게 성장한 자신과 만날 수 있을 것이다.

Chapter 4

멘토와 멘티는
선순환한다

하루 일과가 끝나고 잠자리에 들기 전까지 내가 늘 하는 일이 있다. 언제부터인가 강의가 끝나면 카카오톡이나 문자, 메일로 연락하는 사람들이 부쩍 늘었다. 강의를 듣고 더 많은 이야기를 나누고 싶어 강사에게 연락하는 일은 생각보다 쉽지 않다. 꽤 오래 망설이고 고민하다 연락한 것을 알기에 꼭 답장을 한다. 진심을 다해 연락했으니 나 또한 진심을 다해 성의껏 답장하려고 노력한다. 그러다 보니 시간이 꽤 많이 걸린다. 한 사람, 두 사람 답장을 하다 보면 3, 4시간이 훌쩍 지나간다.

멘티가 되기를 자청하는 분들도 많다. 누군가의 멘토가 된다는 것은 매우 조심스럽다. 병아리가 알을 깨고 밖으로 나오려면 어미 닭과 '줄탁동시'해야 한다. 알 속의 병아리가 바깥으로 나오기 위해 껍질을 쪼는 것을 '줄(啐)'이라 하고, 병아리가 알에서 나오도록 어미 닭이 밖에서 껍질을 쪼는 것을 '탁(啄)'이라 하는데, 줄과 탁이 동시에 이루어져야 비로소 알을 깰 수 있다. 병아리는 나올 생각도 없는데 어미 닭만 성급하게 껍질을 쪼거나 반대로 병아리는 열심히 껍질을 쪼는데 어미 닭이 도와주지 않는다면 껍질은 깨지지 않는다.

멘토는 어미 닭과도 같은 존재다. 어미 닭이 병아리가 간절히 밖으로 나오기를 원할 때, 그래서 스스로 열심히 껍질을 쪼며 노력할 때 힘을 보태듯이 멘토도 멘티가 간절할 때 결정적인 도움을 줄 수 있는 그런 사람이어야 한다. 무조건 도와주는 것이 멘토가 아니기 때문에 함부로 멘토가 되어줄 수도 없다.

그럼에도 나는 누군가가 멘토가 되어주기를 원한다면 기꺼이 멘토가 된다. 내가 다른 사람이 꿈을 이루고 삶을 변화시키는 데 조금이라도 도움 될 수 있다면 부족한 힘이나마 보태야 한다고 생각하기 때문이다.

멘티는 멘토를 보고
배운다

몇 번씩 문자나 메일을 주고받다 보면 자연스럽게 멘티를 자청하는 사람들이 많다.

그들은 알을 깨고 밖으로 나오고 싶어했고, 삶을 변화시키고 싶어 열심히 강연도 듣고 책도 많이 읽으면서 노력했다. 하지만 기대한 만큼 변하지 않아 애를 태웠고, 내가 그런 그들에게 도움을 준 것이 지금까지 이어지고 있다.

사람들을 감동시킬 수 있는 강사들은 많다. 하지만 꿈을 이루고 삶을 변화시키는 일은 감동만으로는 되지 않는다. 행동의 변화가 따라야 하는데, 대부분의 강연은 마음을 감동시키는 데서 끝난다. 강연을 들을 때는 고개를 끄덕이며 당장이라도 변화할 수 있을 것 같지만 강연이 끝나면 감동도 끝난다.

감동을 행동의 변화로 연결시키려면 지속적인 소통이 필요하다. 내가 강연이 끝난 후 연락해오는 사람들과 진심으로 소통하는 이유도 여기에 있다. 더 많이 소통하고 싶어 연락해오는 사람들은 변화하고 싶은 의지가 강하다. 이들은 조금만 도와주면 스스로 변화할 수 있는 방법을 찾고 성장해나간다. 그것을 잘 알기에 새벽 2, 3시까지 멘티들과 시간이 가는 줄 모르고 소통하는 것이다.

문자나 메일로 소통하는 것만으로 부족할 때는 직접 만나기도 한다. 얼굴을 맞대고 소통하면 더 깊은 대화를 나눌 수 있다. 문자나 메일로는 차마 다하지 못했던 속 깊은 이야기를 털어놓으면서 한 걸음 더 가까워진다.

내가 멘티들과 최선을 다해 소통하며, 돕는 이유는 나 또한 나의 멘토로부터 넘치는 사랑과 도움을 받았기 때문이다. 나의 멘토는 우정클럽을 함께 만들었던 우석진 씨다. 그는 파사모에서 만났다. 엑셀을 사랑하는 모임인 엑사모에서 워낙 열심히 활동했더니 파사모에서 스카우트 제의가 왔다. 파사모 사이트에 엑셀 파트가 있었는데, 파사모 운영진이 되어 엑셀에 관련된 질문에 답해주기를 요청했다. 파워포인트를 알고는 있었지만 엑셀만큼 잘 쓰지는 못했다. 파사모 운영진을 하면 파워포인트를 깊이 있게 배울 수 있을 것 같아 수락했다.

처음에는 그가 어떤 사람인지 잘 몰랐다. 그는 나보다 어렸지만 형처럼 어른스러웠다. 다른 사람을 잘 배려하면서도 한편으로는 할 말을 서슴지 않고 날리는 독설가이기도 했다. 겉으로 보면 당당하고 전문가로서 자신감이 넘치는데, 그에게는 아픈 사연이 많았다. 아버지가 탄광에서 일하다 돌아가신 후 어린아이가 감당하기 힘든 고생을 많이 했다. 그래도 자력으로 고등학교를 나와 그래픽 디자이너로 성공했다. 정식으로 디자인을 배운 것도 아닌데, 디자인학원 강사를 하며 실력을 쌓아 자타가 공인하는 디자이너가 된 것이다. 디자이너로 성공한 것뿐만 아니라 컨설턴트, 출판사 대표, 제작자, 명강사로도 왕성하게 활약 중이다.

어려운 환경을 극복하고 자수성가한 그는 그 자체로도 이미 내게는 훌륭한 멘토이자 본보기였다. 비록 나보다 나이는 어려도 그를 보고 배우고 싶었다. 존재 자체로도 훌륭한 멘토인데, 그는 내게 많은 것을 주었다. 그가 내게 호감을 갖고 도와주었던 이유는 내가 공무원 같지 않아서라고 한다. 아마 공무원은 무사안일에 젖어 적당히 일하는 사람이라는 편견을 갖고 있었던 같은데, 대가도 없이 열심히 엑사모 활동을 한 내가 신기했던 모양이다. 그래서인지 그는 자신의 노하우를 아낌없이 전수해 주었고, 내가 도움을 청할 때마다 한 번도 거절하지 않고 흔쾌히 도와주었다. 우정클럽도 그가 없었더라면 그렇게까지 성공할 수 없었을 것이다.

멘티가 성장하면
누군가의 멘토가 된다

누군가의 멘토가 되는 일은 상당히 조심스러우면서도 가슴 설레는 일이다. 처음에는 자신의 꿈이 무엇인지, 자신이 갖고 있는 재능이나 장점을 몰라 고민하던 멘티들이 자기분석을 통해 발전해나가는 모습을 보는 일은 무척이나 즐겁다.

스스로 성장할 수 있는 동력이 생기면 그때부터 멘티들은 달라지기 시작한다. 고민을 털어놓고 도움을 요청하는 대신 멘토를 위해 무언가를 하고 싶어한다. 그동안 자신들이 너무 부족하고 늘 받기만 해 미안하다며 갚을 수 있는 방법을 묻기도 한다. 그러면 나는 이렇게 대답한다.

"나한테는 갚을 필요 없습니다. 내가 멘토가 되어 도와주었듯이 여러분 또한 다른 사람의 멘토가 되어주었으면 좋겠습니다."

성장한 멘티는 얼마든지 다른 사람의 멘토가 될 자격이 충분하다. 사실 멘티가 계속 늘어나면서 혼자서는 멘티들과 충분히 소통할 수 없는 상황이 되었다. 강연을 할 때마다 최소한 몇 명씩 멘티가 생겨나다 보니 지금까지 멘티를 청한 사람이 수백 명에 이른다. 그래서 성장한 멘티들에게 다른 멘티들의 멘토가 되어줄 것을 부탁했다.

기대 이상으로 멘티들은 멘토 역할을 잘하고 있다. 오히려 비슷한 고민을 치열하게 했기에 나보다 더 잘 멘티들을 이해하고 구체적인 도움을 주는 경우도 많다. 모두들 기꺼운 마음으로 다른 사람의 멘토 역할을 해주고 있어서 고맙다.

꿈을 이루었을 때
박수쳐줄 사람이 있는가

"토론에 이겨도 사람을 잃으면 지는 것이다."

토론이란 무엇이며, 토론을 잘하기 위해서는 어떻게 해야 하는지를 소개한 책에 나오는 구절이다. 토론은 크게 문답형, 토의형, 논쟁형 토론 세 가지로 구분되는데, 사람들은 대부분 토론은 곧 논쟁형 토론이라고 생각한다. 그래서 토론하면 상대방을 내 논리로 제압하는 것만을 떠올리기 쉽다.

토론이 무엇인가를 이야기하고 싶은 것이 아니다. 토론은 결국 나와 생각이 다른 사람을 논리적으로 설득해 생각을 공유하는 과정이다. 논쟁형 토론일 때도 예외는 아니다. 그런데 자기주장만 일방적으로 앞세운다면 설령 토론에는 이길 수 있어도 사람의 마음은 얻을 수 없다. 단순한 말싸움에 불과하다.

그 책을 읽으면서 꿈도 비슷하다고 생각했다. 꿈은 다른 누구도 아닌 자기 자신을 위한 것이다. 하지만 사람은 혼자가 아니다. 가족도 있고, 친구도 있고, 함께 세상을 사는 수많은 사람들이 있다. 좋든 싫든 나와 관계를 맺고 있는 소중한 사람들이 많다. 만약 그들이 내 꿈 때문에 상처받는다면 어떻게 해야 할까? 내 꿈은 다른 사람이 아닌 나를 위해 꾸는 것이므로 계속 꾸는 것이 맞을까?

꿈은
면죄부가 아니다

사람들의 고민을 소개하고 공감대를 형성하는 〈안녕하세요〉라는 텔레비전 프로그램이 있다. 그 프로그램을 보다 보면 새삼 자기만의 세계에 빠져 사는 사람들이 많다는 것을 확인하곤 한다. 가족이나 가까운 주변 사람들이 힘들어 해도 아랑곳하지 않고 자신이 하고 싶은 것을 고집한다. 그런 사람들 중에는 그저 좋아서 하다 보니 본의 아니게 민폐를 끼치는 이들도 있지만 단순한 취미활동을 넘어 이루고 싶은 꿈으로 발전한 경우도 있다. '거미수집남'도 그런 사람 중 한 명이다.

그는 거미를 지나치게 사랑해 온 집 안이 거미로 꽉 찰 정도로 거미를 수집하고 온갖 정성을 다해 키운다. 〈안녕하세요〉에 고민을 올린 아내의 말에 따르면 아내가 둘째를 임신했을 때 곤충을 판매하는 곳에서 거미의 한 종류인 타란툴라를 구입한 것이 발단이 되었다고 한다. 타란툴라의 매력에 심취한 그는 이후 다양한 거미를 수집하는 데 열을 올렸고, 산으로 들로 나가 거미를 채집하기에 이르렀다.

거미가 많아지면 많아질수록 가족이 감내해야 하는 고통도 커졌다. 아내는 거미에 진저리를 쳤다.

"새 아파트인데, 남편이 애완용으로 키우는 거미 때문에 폐허 같은 느낌이 나요. 매일 쓸고 닦아 거실, 화장실, 서재, 안방, 부엌까지 으스스한 거미줄 천지예요."

집 분위기가 우중충한 것은 둘째 치고 일상생활을 하는 데도 불편이 많았다. 거미집에서 거미를 키워도 거미집을 탈출해 집 안을 어슬렁거리는 거미를 보고 깜짝 놀란 적도 많고, 식사를 할 때 천장에 붙어 있던 거미가 국그릇에 떨어지는 일도 비일비재했다. 남편에게 고통을 호소해도 남편은 이해하지 못했다. 거미가 사람들한테 해를 끼치는 것도 아닌데 뭘 그러느냐며 아내의 말을 일축했다. 결국 견디다 못해 〈안녕하세요〉에 호소하기로 마음먹었다. 시청자들이 아내와 가족의 고통에 공감하는 모습을 남편에게 보여주면 광적인 거미 수집을 멈출지도 모른다는 생각에서였다.

아내의 고통에 충분히 공감했다. 그러면서도 전적으로 아내 편에 서서 남편이 더이상 거미를 키우지 않았으면 좋겠다는 생각은 할 수 없었다. 남편에게는 작은 꿈이 있었다. 그는 거미에 관한 한 박사 못지않은 해박한 지식을 갖고 있었다. 거미 종류별로 특성과 키우는 방법을 줄줄 꿰고 있었다. 거미를 최적의 환경에서 잘 키우는 것으로 끝나지 않고 손수 교배까지 시킨다. 같은 종끼리 교배해 개체 수를 늘리는 것이 목적이 아니다. 서로 다른 종을 교배했을 때 어떤 결과가 나오는지 연구 중이라고 했다. 거미를 제대로 연구하기 위해 현미경까지 구입해 거미의 색상과 패턴까지 연구하겠다는 포부를 밝혔다.

거미는 그에게 열정이자 꿈이었다. 사랑스러운 눈으로 거미를 보며 어떤 거미든 척척 종류와 특성을 열정적으로 설명하는 그는 행복해 보였다. 그만 본다면 거미를 연구해보고 싶은 그의 꿈을 마음껏 응원해주고 싶었다. 하지만 그의 꿈으로 늘 함께 사는 가족이 힘들고 고통스러운 상황이어서 선뜻 응원할 수도 없었다.

거미수집남과 같은 경우는 많다. 자신의 꿈을 다른 사람이 공감하고 격려해주면 아무 문제가 없는데 내 꿈 때문에 가족이나 다른 사람이 힘들어지면 문제가 복잡해진다. 특히 가장 가까운 가족이 내 꿈을 이해하지 못하면 그것만큼 비극적인 상황도 없다.

가족과 꿈을 공유하지 못하면 어떤 형태로든 상처가 남는다. 그래도 대부분의 사람들은 지금 당장은 아프겠지만 자신이 꿈을 이루면 가족이 함께 기뻐해주리라 믿는다. 그럴 수 있다. 가족이니까 아픈 과정을 겪고 나면 결국 꿈을 지지해주고 꿈을 이루었을 때 박수쳐줄 수 있을 것이다.

하지만 가족은 자신의 꿈을 이루기 위해 희생시켜도 되는 존재가 아니다. 자신의 간절한 꿈이라는 이유만으로 그 꿈이 다른 사람을 힘들게 하거나 아프게 할 수 있는 면죄부여서는 안 된다. 설령 내가 행복하더라도 내 꿈 때문에 다른 사람이 불행해진다면 그 꿈은 결코 좋은 꿈이라 할 수 없다.

내 꿈이 다른 사람들로부터 지지를 받지 못한다고 그 사람들을 적이나 희생양으로 만들어서는 안 된다. 나는 내가 이루고 싶은 꿈이 있다고 바로 달려들지 않는다. 꿈을 꾸기 시작했을 때 혹시라도 가족이나 내 주변에 상처를 입을 사람들이 있을지 살핀다. 그런 다음 누군가가 상처를 받을 수 있다면 그 상처를 어떻게 막을지 고민한다. 쉽지는 않지만 내 것을 조금만 포기하면 얼마든지 방법이 있다.

거미수집남의 경우 아내의 바람은 비교적 소박한 편이다. 남편의 거미에 대한 애정을 잘 알기에 거미를 아예 키우지 말기를 바라지는 않는다. 다만 개체 수를 줄여 지금보다 조금만 더 쾌적하고 편안한 환경을 원하는 수준이다. 욕심은 조금만 버리고 아내의 말대로 개체 수를 줄이고, 거미가 거미집에서 나오지 않도록 잘 관리하면 꿈도 계속 꾸면서 아내와 가족을 덜 아프게 할 수 있다.

꿈을 이루었을 때 진심에서 우러난 축하의 박수를 받을 수 있으려면 꿈을 이루는 과정에서도 박수를 받을 수 있어야 한다. 꿈을 이루는 과정에서 주변 사람들의 마음에 씻을 수 없는 상처를 남겼다면 과연 상처투성이인 마음으로 얼마나 진심으로 박수를 쳐줄지 의문이다. 피나는 노력 끝에 꿈을 이루었는데 그 기쁨을 함께할 사람이 없다는 것만큼 슬픈 일이 또 있을까? 그런 불상사가 일어나지 않도록 내 꿈이 다른 사람을 아프게 하지 않도록 노력해야 한다.

같은 꿈이라도
가치 있는 꿈을 꾸어라

꿈은 크게 개인적인 차원의 꿈, 가족적인 차원의 꿈, 사회적인 차원의 꿈이 있다. 말 그대로 개인적인 차원의 꿈은 자신의 행복을 위해 꾸는 꿈이고, 가족적인 차원의 꿈은 나뿐만 아니라 또 다른 나와 마찬가지인 가족을 위해 꾸는 꿈이다. 개인이나 가족을 위한 꿈을 꾸는 것은 그리 어렵지 않다. 물론 내 꿈이 가족이 원하는 것과 거리가 있어서 가족을 힘들게 하는 경우도 많지만 가족을 중요시하는 우리나라에서는 내 꿈이 곧 가족의 행복으로 연결되는 경우가 많다.

나 혼자만 행복할 수 있는 꿈보다는 가족이 함께 행복할 수 있는 꿈이 더 가치가 있다. 가족뿐만 아니라 주변 이웃들까지, 더 나아가 더 많은 사람을 행복하게 할수록 꿈의 가치는 더욱 빛난다. 이런 꿈이 사회적인 차원의 꿈이다.

나는 개인, 가족, 사회적인 차원의 꿈을 모두 만족시키는 그런 꿈을 꾸고 싶다. 만약 나와 가족을 위한 꿈이 사회에는 좋은 영향을 미치지 못한다면 그런 꿈은 꿀 생각이 없다. 사실 삶의 가치관이 올바르면 나와 가족을 위한 꿈이 곧 사회적인 차원의 꿈이 될 수 있다. 하지만 개인이기주의와 물질만능주의가 팽배한 현대사회에서는 종종 개인과 가족의 꿈과 사회적인 꿈이 배치된다. 가족의 행복을 위해 사회적인 행복이라는 가치는 추락한 지 이미 오래다. 가족이 안락한 삶을 누리기 위해 혹은 내가 성공하기 위해 다른 누군가를 짓밟는 일이 너무나도 흔하다.

　반대로 꿈의 크기를 사회적인 차원으로 키웠을 때 상대적으로 나와 가족이 힘들어지는 경우도 많다. 사회적인 꿈을 실현하기 위해 정치가가 된 안철수 의원을 보면 만감이 교차한다.

　소년처럼 해맑은 미소가 트레이드마크였던 안철수 의원이었는데, 정치를 하면서 그 미소를 보기 힘들어졌다. 개인이나 가족 차원에서는 안철수바이러스연구소 대표로 일할 때나 대학에서 후학들을 가르칠 때 더 행복했을지도 모른다. 안철수바이러스연구소를 운영하면서 그는 정도를 걸으면서도 기업을 발전시킬 수 있다는 것을 보여주었다. 그때는 바이러스 없는 세상을 만들고 싶다는 꿈이 그 개인은 물론 가족, 사회까지 행복하게 만들었다. 대학에서 후학을 가르치는 꿈도 개인, 가족, 사회를 모두 행복하게 해주는 그런 꿈이었다. 사회적인 꿈의 크기를 더 키워 대한민국 전체를 대상으로 하는 꿈을 꾸면서 당장은 덜 행복할지 몰라도,

그 꿈에 박수를 보내는 사람들은 더 많아졌다. 그가 꿈을 이루었을 때는 더 큰 박수갈채가 쏟아지리라 믿어 의심치 않는다.

누구나 다 거창한 사회적인 꿈을 꿀 필요는 없다. 하지만 적어도 내 꿈이 사회적인 가치와 배치되어 꿈을 이루었을 때 손가락질을 받아서는 안 된다. 물론 내 꿈의 크기가 커 더 많은 사람으로부터 박수를 받을 수 있다면 그것만큼 행복한 일도 없을 것이다.

도움을 구하고 주는 데도
기술이 필요하다

　나 혼자 꿈을 꾸지 않고 함께 꿈을 꿀 때 좋은 이유는 수도 없이 많지만 서로 돕고 의지하면서 조금은 수월하게 꿈을 이룰 수 있다는 것을 빼놓을 수 없다. 꼭 같은 꿈을 꿀 때만 도움을 주고받을 수 있는 것은 아니다. 설령 나와 다른 꿈을 꾸더라도 꿈을 이루는 메커니즘은 크게 차이가 없기 때문에 얼마든지 도움을 주고받을 수 있다.

　이왕 도움을 주고받으려면 제대로 주고받는 것이 좋다. 도움 받는 사람 입장에서는 말할 것도 없고, 도움 주는 사람도 도움의 효과가 크면 클수록 뿌듯할 것이다. 그러려면 무조건 도움을 구하고 주어서는 안 된다. 도움의 효과를 극대화할 수 있는 도움을 주고받아야 한다.

눈높이에서 도와야
진짜 도움이다

앞에서 상대방에게 무언가를 주려면 아끼는 것을 주어야 한다고 말했다. 내게는 필요 없지만 다른 사람에게는 유용한 것이 있기도 하지만 이왕이면 내가 소중하게 여기는 것을 주어야 상대방이 실망하거나 불쾌해할 염려가 없다.

도움을 줄 때도 마찬가지다. 도왔다는 생색내기가 아닌 실제로 큰 도움이 되는 그런 도움을 주어야 한다. 그러려면 상대방이 원하는 도움의 수준이 어느 정도인지를 알아야 한다. 그리 어려운 일이 아니다. 조금만 상대방의 입장에서 생각해보면 어떻게 도와야 하는지 자연스럽게 알게된다.

엑사모에 가입해 열심히 엑셀을 배울 때의 일이다. 엑사모 회원들의 수준은 편차가 아주 심했다. 엑셀을 귀신처럼 잘 쓰는 고수도 많았지만 엑셀을 처음 접하거나 엑셀을 사용한지 얼마 안 된 서툰 초보자가 훨씬 많았다. 초보자들은 엑셀을 사용하다 막히면 엑사모 고수들에게 도움을 구했다. 엑사모 고수들은 일반적으로 도움을 요청하는 글이 올라오면 신속하게 답변하는 편이었다.

문제는 답변이 너무 어렵다는 데 있었다. 엑셀을 웬만큼 안다는 내가 봐도 도통 무슨 말인지 알 수가 없는데, 초보자가 이해하지 못하는 것은 당연했다. 고수들이 초보자들의 눈높이에 맞춰 초보자들이 이해할 수 있는 언어로 설명해야 하는데, 고수들은 초보 수준을 벗어난 지 오래라서 초보자들의 눈높이를 맞추기는 한계가 있었다.

답변을 해도 여전히 모르겠다며 의기소침해하는 회원들을 보면서 좀 더 쉽게 설명할 수 있는 방법이 없을까 고민했다. 궁리 끝에 좋은 방법이 생각났다. 보통 초보자들이 질문하면 텍스트로만 답변하는데, 아무리 설명을 잘해도 텍스트만으로 엑셀을 설명하는 데는 무리가 따랐다. 그래서 나는 단계별로 엑셀 화면을 캡처해 그림으로 보여주면서 설명했다. 일일이 화면을 캡처하면서 설명하다 보니 시간이 꽤 많이 걸렸다.

반응은 뜨거웠다. 다음날 다시 엑사모 사이트에 들어가니 내가 단 설명에 댓글이 폭주했다. 나는 질문을 올렸던 한 사람을 위해 열심히 답했는데, 그 사람 외에도 비슷한 수준의 수많은 초보자들이 그 답을 본 것이다. 정말 이해가 쏙쏙 된다. 화면과 함께 설명해주니 이해하기가 쉽다며 고마움을 표시한 댓글이 수두룩하게 달렸다.

그날 이후 질문을 올리면서 '정진일 선생님 답변을 기다립니다'라고 답변자를 지정하는 질문이 많이 올라오기 시작했다. 글로만 답변하는 것이 아니라 화면을 곁들여 설명해야 하기 때문에 질문이 많아질수록 답변하는 데 쏟아야 하는 시간도 대폭 늘어났다. 질문이 많을 때는 밤을 꼬박 새울 때도 종종 있었다.

그럼에도 답변을 다는 일은 신나고 즐거웠다. 내가 한 답변이 그 질문을 한 사람 외에도 수많은 사람들에게 도움 된다는 사실이 내 가슴을 뛰게 했고 보람을 느끼게 했다. 아마도 내가 다른 사람들처럼 편하게 텍스트로만 답변했더라면 제대로 도왔을 때의 파급력을 확인할 수 없었을 것이다. 그 덕분에 26만 명 회원의 엑사모 살림을 책임지는 운영단장을 맡게 되었다.

제대로 도우면 도움 받은 당사자도 좋지만 도움을 준 내가 더 좋다. 기껏 시간과 노력을 투자해 도왔는데 그 사람에게 별 도움이 안 되었다면 그것만큼 속상하고 허무한 일도 없다. 내 도움으로 누군가가 위기에서 벗어나거나 복잡한 문제를 해결했을 때 기쁨도, 보람도 배가 된다.

무조건 도움을 요청하면
얻을 수 없다

내 별명은 '헬퍼 바이러스'다. 다른 사람들을 돕는 것이 좋아 스스로 헬퍼 바이러스를 자청하기도 했지만 다른 사람들이 도움을 요청했을 때 기꺼이 도왔더니 어느새 자타가 공인하는 헬퍼 바이러스가 되었다.

그런데 돕고 싶어도 도와줄 수가 없는 사람들이 있다. 주로 혼자서는 아무 노력도 하지 않고 무조건 도와달라고 하는 사람들이다. "도대체 무엇을 해야 할지 모르겠다"며 도움을 요청하는 이들이 있다. 이런 요청을 받을 때마다 난감하기 짝이 없다. 자기가 무엇을 해야 할지, 어떤 꿈을 꾸어야 할지는 자신만이 알 수 있다. 다른 누군가가 대신해줄 수 있는 일이 아니다. 아무리 시간이 많이 걸려도 자기 자신에게 묻고 또 물어 답을 찾아야 한다. 이런 과정 없이 다짜고짜 도와달라고 하면 도와줄 수도 없을뿐더러, 솔직히 돕고 싶은 마음도 별로 생기지 않는다.

아무리 고민해도 혼자서는 도저히 답을 찾을 수 없다면 혼자 고민한 과정부터 털어놓아야 한다.

"나만의 꿈을 찾기 위해 수없이 자문도 하고, 다양한 아르바이트를 해보면서 어떤 일에 적성이 있는지 알아보았는데 그래도 잘 모르겠어요. 그중 은행 업무가 내게 맞았던 것 같기는 한데 확신이 서지 않아요."

이런 식으로 어떤 노력을 어디까지 했는지를 털어놓으면서 도움을 요청하면 도움 주는 사람도 흔쾌히 도와줄 마음이 생긴다. 현실적으로 도와줄 수 있는 방법을 찾기도 쉽다.

도움을 요청하기 전에 열심히 고민하고 노력한 사람은 누구라도 아무 조건 없이 도와주고 싶어한다. 내가 엑셀 MVP가 될 수 있었던 데는 엑사모 고수들의 도움이 컸다. 엑사모에는 엑셀을 정말 잘 쓰는 세 명의 고수가 있었는데, 그들을 수업료 한 푼 내지 않고 엑셀 과외 선생님으로 모실 수 있었다. 공무원이 되어 본격적으로 엑셀을 쓰면서 아쉬움이 많았다. 엑셀을 좀더 잘 쓸 수 있으면 업무를 반으로 줄일 수 있겠다는 판단이 섰다. 수많은 공무원들이 야근하면서 처리하는 업무 중 태반은 엑셀을 활용하면 하지 않아도 될 그런 일들이었다.

하지만 당시 나의 엑셀 실력으로는 단순 반복적인 업무를 효율적으로 전환하는 데 한계가 있었다. 엑셀을 더 공부해야 가능하다는 생각에 엑사모 고수들에게 장문의 메일을 보냈다. 정확한 내용은 기억나지 않지만 대략적인 내용은 다음과 같다.

"저는 전라북도 교육청에서 근무하는 교육행정공무원입니다. 제가 하는 일을 엑셀로 하면 훨씬 효율적일 것 같은데, 제 수준에서는 한계가 있습니다. 여러 가지 방법으로 많은 시도를 해보았지만 원하는 결과를 얻을 수 없었습니다. 저는 이 문제를 꼭 해결하고 싶습니다. 현재 100만 명이 넘는 대한민국 공무원들이 저와 비슷한 일을 하고 있습니다. 그중에서도 상당수의 공무원들이 저와 같이 효율적으로 업무를 처리할 수 있는 방법을 몰라 매일매일 야근을 하고 있습니다. 그런데 그렇게 나가는 수십억의 야근수당이 다 국민들의 세금입니다. 엑셀을 몰라 계속 이렇게 근무하면 국민들이 낸 혈세가 낭비되는 것이나 마찬가지이니 제가 엑셀을 배울 수 있게 도와주세요."

메일을 받은 고수들은 세 명 모두 흔쾌히 도움 요청을 받아들였다. 이후 나는 거의 매주 주말마다 서울로 올라가 고수들의 특강을 받았다. 나중에 그들로부터 들은 말은 "당신 같은 공무원 처음 보았다. 공무원이면서 국민들이 내는 세금이 낭비될까 걱정해 그렇게 열심히 노력하는 모습이 인상적이었다"는 것이다.

무턱대고 도와달라는 사람들도 많지만 예전에 내가 그랬듯이 장문의 편지를 정성스럽게 보내는 사람들이 있다. 자신의 고민을 솔직하게 털어놓고, 여러 가지 방법으로 애를 썼는데도 길이 보이지 않는다며 도움을 요청하는데, 이런 사람들은 아무리 멀리 있어도 찾아가서 도움을 주고 싶다.

제대로, 확실하게 도움을 받고 싶다면 도움을 요청하는 방법이 달라야 한다. 무조건 도와달라고 하지 말고 어디까지 고민하고 노력했는지를 이야기해야 한다. 그래야 도와주는 사람이 내게 필요한 도움을 기분 좋게 줄 수 있다.

함께 꾸는 꿈이
세상을 변화시킨다

처음에는 내 삶을 바꾸고 싶어 꿈을 꾸기 시작했다. 나만 좋은 방향으로 변화해도 성공한 것이라 생각했다. 하지만 강연을 하면서 나로 인해 다른 사람들이 변할 수도 있다는 것을 확인했다. 누군가가 내 강연을 듣고 좋은 자극을 받고 스스로 변화하려고 노력하는 모습을 보면서 함께 꿈을 꾸면 나와 우리, 더 나아가 세상을 변화시킬 수도 있겠다는 생각이 들었다.

그때부터 좀더 열심히 가능한 한 더 많은 사람들과 함께 꿈을 꾸려고 노력한다. 함께 꾸는 꿈은 단순하다. 지금보다는 더 많은 사람들이 행복할 수 있는 세상을 만드는 것이 내가 다른 사람들과 함께 꾸고 싶은 꿈이다. 이는 혼자서는 엄두도 내지 못할 일이다. 혼자서 하면 변화의 속도가 너무 느려 쉽게 지치고 포기할 수도 있다. 하지만 여럿이 함께 꿈을 꾸면 힘들 때 서로 격려하면서 계속 꿈을 꿀 수 있다. 비록 시간은 많이 걸릴 수 있지만 꿈을 포기하지 않는 한 결국 세상이 변하는 날이 올 것이라 믿는다.

함께 꿈을 꿀수록
속도는 더 빨라진다

다단계 마케팅은 말도 많고 탈도 많다. 그럼에도 날이 갈수록 다단계 마케팅이 활성화되는 이유는 그 위력이 대단하기 때문이다. 다단계 마케팅의 구조는 단순하다. 보통 제품이 소비자에게 전달되기까지는 제조업자 → 도매업자 → 소매업자 → 소비자 등의 유통경로를 거치는데, 다단계 마케팅은 제품을 사용해본 소비자가 다단계 판매조직의 판매원이 되어 다른 소비자에게 제품을 권유하고 그 소비자가 다시 판매원으로 활동하는 방식을 취한다.

최초의 한 사람이 한 사람씩만 끌어들인다 해도 꾸준히 하면 언젠가는 세상의 모든 사람을 다 끌어들일 수 있다. 한 사람이 두 사람씩 끌어들인다면 속도는 더 빨라진다. 1, 2, 4, 8, 16, 32, 64, 128, 256, ……과 같이 단계가 아래로 내려갈수록 다단계 판매원의 숫자는 기하급수적으로 늘어난다.

강의나 강연을 하면서 나도 비슷한 체험을 했다. 좀더 소통하고 싶어 따로 문자나 메일로 연락하는 사람들이 있다. 그들에게는 아무리 바빠도 꼭 답장을 하고, 좀더 깊은 소통이 필요하다 생각되는 사람들은 직접 찾아가 만나기도 한다. 나로서는 도움이 필요하면 언제든지 연락하라고 했으니 어떤 형태로든 도움을 드리는 것은 당연한데, 그들은 무척 고마워한다. 대부분의 강사들이 말로는 도움이 필요하면 연락하라고 하지만 정작 연락했을 때 피드백을 주는 경우는 극히 드물다고 한다. 그래서 나한테 연락하면서도 정말 답장을 하리라고는 믿지 않았단다.

그렇게 인연을 맺은 사람들과 지속적으로 소통하면서 놀라운 일이 벌어졌다. 소통하는 동안 잃어버린 꿈을 찾고 열심히 꿈을 이루기 위해 노력하는 사람들이 많아졌다. 더 놀라운 것은 스스로 자기 삶을 변화, 발전시키는 데서 끝나지 않고 그들이 또 다른 사람들을 변화시키기 시작했다는 것이다.

꼬리에 꼬리를 물고 사람이 사람을 변화시킨다는 것은 한 멘티에 의해 우연히 알게 되었다.

어느 날 멘티와 만났는데, 그 멘티가 한 번도 본 적이 없는 사람과 함께 약속장소에 나왔다. 학교 후배라고 했다. 그 후배는 평소 선배가 존경한다는 분이 어떤 분인지 궁금해 따라 나왔다고 한다.

"선배님이 언제부터인가 표정이 아주 밝아졌어요. 예전에는 좀 우울하고 매사 부정적이었는데, 요즘에는 긍정적인 에너지가 넘쳐요. 그런 선배와 자주 이야기하다 보니 저도 저절로 변하더라고요."

그 이야기를 들으면서 한 사람의 힘이 결코 작지 않다는 것을 느낀다. 나도 그랬지만 대부분의 사람들은 한 사람은 결코 세상을 변화시킬 수 없으리라 생각한다.

실제로 혼자의 힘으로는 무력함을 느낄 때가 많다. 꼭 거창한 일이 아니어도 마찬가지다. 우측통행을 실시한 지 벌써 만 5년이 지났다. 2009년 10월부터 시작해 정부 차원에서 대대적으로 우측통행할 것을 홍보했지만 지키는 사람이 얼마나 되는지 의문이다. 처음에는 나부터 지키면 시간이 지나면서 조금씩 나아지리라 생각했지만 5년이 지나도록 변하지 않는 것을 보면서 모두가 우측통행을 하는 날이 과연 올까 의심스럽기까지 하다.

하지만 나의 작은 도움으로 변한 사람들이 또 다른 사람들을 변화시킬 수 있다는 가능성을 확인하면서 생각이 바뀌었다. 1년에 강의와 강연을 통해 깊은 인연을 맺는 사람이 대략 100명에서 200명에 이른다. 그들이 두 사람씩만 변화시켜도 파급효과는 엄청나다. 편의상 내가 1년에 약 100명을 변화시키는 데 일조했다면 100명이 각각 두 사람씩 변화시켰을 때 200명이 변하고, 200명은 400명이, 400명은 800명을 변화시킬 수 있다. 그렇게 5, 6단계만 거쳐도 수천 명이 변화할 수 있다는 계산이 나온다.

세상을 변화시키는 큰 힘도 출발은 작은 개인이라는 것을 확인하면서 함께 꿈을 꾸는 것이 더 즐거워졌다. 더 적극적으로 함께 꿈을 꿀 사람을 찾기도 한다. 함께 꿈을 꾸는 사람이 많으면 많을수록 세상을 변화시킬 수 있는 힘도 기하급수적으로 커질 것이기 때문이다.

변화의 방향이
중요하다

나를 닮고 싶어하는 멘티들이 늘어나면서 점점 어깨가 무거워짐을 느낀다. 변화는 꼭 좋은 방향으로만 일어나는 것이 아니다. 얼마든지 나쁜 방향으로도 변할 수 있다. 내게는 좋은 모습만 있는 것이 아닐 것이다. 좋은 모습과 가치도 있겠지만 아직까지 버리지 못한 나쁜 모습과 습관도 분명 있을 것이다. 멘티들이 좋은 모습만을 보고 닮으면 다행이지만 혹시라도 나쁜 모습을 닮아가고 그 나쁜 모습을 또 다른 사람에게 옮기면 세상은 나쁜 방향으로 변하고 만다.

세상을 변화시킬 수 있는 영향력 있는 사람들은 많다. 그런 사람들이 영향력을 좋은 쪽으로만 발휘했다면 세상은 지금보다 훨씬 평화롭고 행복한 세상이 되었을 것이다. 영향력을 나쁜 쪽으로 발휘한 사람들은 많다. 대표적인 인물이 히틀러다. 그의 영향력은 강력하다 못해 사람들의 판단력까지 흐리게 만들었다. 사람들이 히틀러에 동화되어갔던 과정은 참으로 끔찍하다. 무엇이 옳고 그른지를 판단하는 능력까지 상실한 채 오로지 히틀러를 믿고 히틀러가 이끄는 방향으로 따라가며 유대인을 학살했던 것을 보면 영향력을 나쁜 방향으로 사용하면 세상을 처참하게 망가뜨릴 수도 있다는 것을 실감한다.

더욱 더 무서운 일은 좋은 모습보다 나쁜 모습을 닮고 변화하는 속도가 더 빠르다는 것이다. 좋은 모습은 닮고 싶어하는 의지와 노력이 있어야 제대로 닮을 수 있는데, 나쁜 모습은 닮으려는 의지도 없는데, 자기도 모르는 사이에 닮아간다. 심지어는 닮지 않으려고 애를 써도 닮기도 한다.

고된 시집살이를 한 며느리일수록 나중에 시어머니가 되었을 때 며느리를 더 독하게 시집살이를 시킨다는 속설이 있다. 자신이 당한 만큼 며느리도 당해야 한다는 나쁜 마음에서 그러기도 하지만 대부분은 자기도 모르게 당한 대로 며느리에게 하게 된다고 한다. 시집살이를 할 때는 시어머니를 욕했겠지만 욕하면서도 나쁜 모습을 배워 자연스럽게 배운 대로 며느리에게 시집살이를 시키는 것이다.

사람은 누구나 영향력을 갖고 있다. 어떤 사람은 자기 가족에게만 영향력을 미치고, 어떤 사람은 그가 속해 있는 사회에서 영향력을 미치고, 어떤 사람은 전 세계에 영향력을 발휘하는 등 영향력의 정도만 차이가 있을 뿐이다. 자신이 갖고 있는 영향력이 크면 클수록 조심해야 한다. 영향력을 좋은 방향으로 발휘하면 세상이 좋은 방향으로 변화하겠지만 나쁜 쪽으로 영향력을 행사하면 세상은 나쁜 방향으로 퇴보하고 만다.

내가 다른 사람과 함께 꾸고 싶은 꿈은 세상을 좋은 방향으로 변화시키고 싶은 것이다. 나의 좋은 모습이 다른 사람을 변화시키고, 좋은 모습으로 변한 그 사람이 또 다른 사람을 좋게 변화시키는 선순환을 원한다. 서로 나쁜 모습을 닮아가는 악순환이 일어나지 않도록 더 각별하게 조심하고 생각과 행동이 일치할 수 있도록 더 노력해 세상이 좋은 방향으로 변화하는 데 한몫하고 싶다.

액션이 변해야
꿈을 이룬다

주옥같은 말로 청중의 마음을 움직이는 강사들은 수없이 많다. 특히 실무를 주로 가르치는 스킬 업 강사에 비해 동기를 부여해 자신을 스스로 계발할 수 있도록 돕는 HRD(Human Resource Development) 강사들은 종종 강력한 울림으로 사람들을 감동시키곤 한다.

HRD, 말 그대로 인적 자원 개발을 의미한다. 사람들은 누구나 무한한 자기만의 능력을 갖고 있다. 다만 어떤 사람은 그 능력을 최대로 끌어내어 활용하고, 어떤 사람은 게을러서 미처 자신에게 그런 능력이 있다는 것을 모르거나 가진 능력을 제대로 활용하지 못하는 차이가 있을 뿐이다. 잠재된 능력을 깨우고 극대화시킬 수 있도록 돕는 역할이 HRD 강사다. 나도 그중 한 명이다.

매일 그날이 그날같이 무미건조하게 사는 사람들이 스스로를 변화시키고, 안에 잠재된 무한한 능력을 끌어올리려면 우선 마인드부터 변해야 한다. 그래서 많은 HRD 강사들이 돌덩이처럼 딱딱하게 굳은 사람들의 마음을 움직이기 위해 노력한다.

실제로 강의를 듣고 깊은 감동을 받아 변화를 결심하는 사람들이 많다. 하지만 감동은 대부분 오래 가지 않는다. 하룻밤만 자고 일어나도 어제의 감동은 벌써 오래 전 꿈처럼 아련하다. 그렇게 며칠만 지나면 언제 변화를 결심했느냐는 듯 예전의 무미건조한 삶을 반복하며 산다.

마인드가 변해야 변화가 시작될 수 있지만 진정한 변화는 마인드만 바뀌어서는 안 된다. 액션, 즉 행동이 바뀌어야 비로소 진정한 변화가 시작된다. 그래서 변화가 어렵다. 마인드의 변화는 순식간에 일어날 수도 있다. 좋은 강연을 듣거나 책이나 영화를 통해 깊은 감명을 받아도 마음은 움직인다. 하지만 액션의 변화는 다르다. 마인드의 변화는 자신도 모르는 사이에 일어날 수 있지만 액션의 변화는 스스로 의식적으로 노력하지 않으면 일어나기 어렵다.

꿈도 마찬가지다. 앞에서 참 많은 이야기를 했다. 왜 꿈을 꾸어야 하는지, 꿈을 이루려면 어떻게 해야 하는지, 그리고 왜 가능한 한 많은 사람들과 함께 꿈을 꾸어야 하는지 이야기했다. 특히 꿈을 이루는 방법에 대해서는 구체적이면서도 현실적인 방법들을 소개하려고 노력했다.

사람들은 내 꿈 이야기를 들으면 쉽게 마음을 연다. 애써 외면했던 자신의 꿈과 다시 마주하고 가슴이 설렌다는 이들도 있고, 왠지 모를 전율

로 모처럼 살아 있는 기분을 느낀다는 이들도 많다. 하지만 그런 마인드
의 변화를 액션의 변화, 행동의 변화로까지 연결한 사람들은 안타깝게
도 그리 많지 않다.

꿈을 꾸고 이루고 싶어하면서도 여전히 지금껏 하던 것과 똑같이 행동
하면 꿈은 점점 더 멀어진다. 꿈을 이루려면 액션이 변해야 한다. 가슴으
로 아무리 간절하게 꿈을 꾸고, 머릿속으로 꿈을 이루는 수천 가지 방법
을 알고 있더라도 행동하지 않으면 아무 소용이 없다. 꿈을 꾸는 것은 머
리만으로도 할 수 있지만 꿈을 이루는 것은 행동, 즉 실천이기 때문이다.

처음부터 대대적인 액션의 변화를 꾀할 필요는 없다. 액션의 변화는
변화의 규모보다는 지속성이 중요하다. 작은 액션의 변화라도 확실하
게, 그리고 꾸준히 변화를 실천할 때 비로소 꿈에 한 발 가까이 다가갈
수 있다.

액션의 변화를 꾀하려 해도 방법을 모르기 때문에 할 수 없다고 말하
는 사람들도 있다. 일부분 동의한다. 그래서 이 책에서 상당히 많은 지면
을 할애해 꿈을 이루는 구체적이면서도 현실적인 방법들을 소개했다.

이제 남은 것은 스스로 액션을 변화시키려는 결심과 노력이다. 마인
드의 변화는 누군가가 강력한 힘을 발휘해 일으켜줄 수도 있지만 액션
의 변화는 어디까지나 자신의 몫이다. 아무도 대신해줄 수 없다.

지식교육을 통해 배움의 즐거움을 만드는 '지식 에듀테이너'로, 그리
고 그 배움의 즐거움으로 대한민국의 행복한 변화와 성장을 이끌어가는

'행동변화 전문가'로 하루하루를 가슴 설레게 살아가는 나는 이 책이 액션의 변화를 일으키는 시발점이 되기를 간절하게 희망한다. 만약 액션의 변화를 위해 좀더 강력한 동기와 도움이 필요하다면 언제라도 이메일이나 문자를 보내주기를 바란다. 미약하나마 힘을 보태 액션의 변화를 일으킬 수만 있다면 내게는 그것만큼 기쁜 일이 없다.